RECOVECOS

Crevices

GentiRamo
Publishing

ELOGIO para Gilbert Luis R. Centina III

Como promotor de la preservación del idioma español en Filipinas, el padre Centina apoyó el trabajo de los hispanos para «difundir, defender y exaltar» el idioma español en ese país. Es en esta noble lucha donde obtuvo su inspiración para escribir libros de poesía bilingües español-inglés...Su gran cuerpo de trabajo le asegura un lugar sólido en la literatura filipina en inglés y español, así como en la poesía católica.

ABC, periódico español diario

Era un conocido y galardonado poeta y autor que luchaba por la preservación de la lengua española en su patria, manteniendo que las raíces españolas de Filipinas son una parte central del alma de su pais.

Diario de León

El fraile agustino fue asignado a diferentes misiones en el extranjero, incluida la ciudad de Nueva York, donde se convirtió en el primer pastor de origen filipino de la Iglesia del Santo Rosario en Spanish Harlem, de 2007 a 2010...Como célebre autor y poeta católico, sus premios incluyen los Palanca Memorial Awards, el honor literario más alto de Filipinas, en poesía inglesa en 1974, los premios literarios Focus en poesía inglesa en 1982 y el Catholic Authors Award [en 1996] de la Arquidiócesis de Manila bajo el cardenal Jaime L. Sin y el Asian Catholic Publishers.

Leonoticias

Sus poemas han sido incluidos en varios libros de texto y antologías sobre literatura filipina en inglés y publicados en los Estados Unidos, Canadá y España. Los últimos siete años de su vida vieron una explosión de creatividad frenética, que resultó en la publicación de seis libros de poesía, una novela y una crítica literaria. Redescubrió sus raíces españolas en España, donde comenzó a producir colecciones de poesía bilingües y encontró una audiencia receptiva y en expansión.

National Catholic Reporter

PRAISE for Gilbert Luis R. Centina III

As an advocate for the preservation of the Spanish language in the Philippines, Father Centina supported the work of Hispanists to "spread, defend, and exalt" the Spanish language in that country. From this noble cause, he obtained inspiration to write bilingual poetry books in Spanish and English. His extensive body of work assures him a solid place in Philippine literature in English and Spanish, as well as in Catholic poetry.

ABC, Spanish daily newspaper

He was a well-known, prize-winning poet and author who fought to preserve the Spanish language in his homeland, maintaining that the Spanish roots of the Philippines form the core of the country's cultural soul.

Diario de León

The Augustinian friar was assigned to different missions abroad, including New York, where he became the first pastor of Filipino origin of Holy Rosary Church in Spanish Harlem from 2007-2010... As a celebrated Catholic author and poet, his accolades include the Palanca Memorial Awards, the Philippines' highest literary honor, in English poetry in 1974, the Focus Literary Awards in English poetry in 1982, and the Catholic Authors Award [in 1996] from the Archdiocese of Manila then under Cardinal Jaime L. Sin and the Asian Catholic Publishers.

Leonoticias

His poems have been included in various textbooks and anthologies on Philippine literature in English and published in the United States, Canada, and Spain. The last seven years of his life saw an explosion of frenzied creativity, resulting in the publication of six poetry books, a novel and a literary criticism. He rediscovered his Spanish roots in Spain, where he began producing bilingual poetry collections, and where he found a receptive and expanding audience.

National Catholic Reporter

RECOVECOS

Crevices

GILBERT LUIS R. CENTINA III

Cover photos/Fotos de portada © 2020 por/by Mary Joan Celo Centina
Consultora artística/Art consultant: Janet Frances White
Diseño interior del libro/Book interior design: Pierce Centina

Publicado por/Published by CentiRamo Publishing, New York, NY
www.centiramopublishing.com · *info@centiramopublishing.com*
Designed in the United States of America
First Edition

Publisher's Cataloging-in-Publication data
Centina III, Gilbert Luis R.
Recovecos/Crevices / Gilbert Luis R. Centina III
p. cm.
ISBN: 978-1-7327815-8-0
ISBN-10: 1-7327815-8-3
1. Poetry —Literature. 2. Spanish/English bilingual poetry collection — 3 . Filipino American literature in English — Filipino literature in Spanish. I. Recovecos/Crevices. HF0000.A0 A00 2010
299.000 00—dc22 2010999999

SOFTBOUND EDITION

20 19 18 17 16 15 14 13 12 11 / 10 9 8 7 6 5 4 3 2
Library of Congress Control Number: 2020934298
Library of Congress record for this book may be accessed at *https://lccn.loc.gov/2020934298*

DEDICATORIA ✌ DEDICATION

En memoria de mis queridos padres,
Luis Centina Torres hijo y Eva Ramos Gómez,
y mi hermano, Romeo Centina Ramos,
quienes me cultivaron y inspiraron
para proseguir mi sacerdocio de literatura

✌

In memory of my dearest parents,
Luis Torres Centina Jr. and Eva Gómez Ramos,
and my brother, Romeo Ramos Centina,
who cultivated and inspired me
to pursue the priesthood of literature

TAMBIÉN POR GILBERT LUIS R. CENTINA III

Plus ultra y otros poemas
Madre España y poemas de amor ilustrados
Búsqueda espiritual en verso
Diptych/Díptico
Getxo y otros poemas
Tríptico y poemas recogidos
Rúbricas y runas
Algún día
Vaso de verdades líquidas
Nuestra galaxia oculta

ALSO BY GILBERT LUIS R. CENTINA III

Plus Ultra and Other Poems
Madre España and Illustrated Love Poems
Spiritual Quest in Verse
Diptych/Díptico
Getxo and Other Poems
Triptych and Collected Poems
Rubrics and Runes
Somewhere
Glass of Liquid Truths
Our Hidden Galaxette

ÍNDICE ✿ CONTENT

Prefacio/Preface

Introduccíon/Introduction

ÍNDICE ❧ CONTENT

ÍNDICE ✦ CONTENT

ÍNDICE ❦ CONTENT

ÍNDICE ❧ CONTENT

ÍNDICE ✽ CONTENT

ÍNDICE ☙ CONTENT

ÍNDICE ✥ CONTENT

ÍNDICE ❧ CONTENT

PREFACIO

Vivimos en un momento muy aterrador de la historia, con la sombría realidad de un virus invisible que actúa como el Ángel de la Muerte y, a su paso, pone del revés el orden mundial establecido a un ritmo cruel, hiriente e inexplicable nunca antes visto en los tiempos modernos.

El nuevo coronavirus ha reescrito las pautas de la vida cotidiana, e incluso nuestras tecnologías más sofisticadas parecen impotentes para detenerlo a medida que descendemos a un mundo distópico en el que nadie está seguro de cómo terminará todo esto.

Ante el furioso virus, buscamos desesperadamente un kit de herramientas para detener la espiral de muerte que se ha extendido por los continentes. Solo para darnos cuenta de que la mejor defensa que tenemos contra Covid-19, la enfermedad respiratoria que causa el virus, es la tecnología más baja posible: una técnica de mitigación del siglo XIV que todos conocen como distanciamiento social, que va de la mano con la necesidad de usar una mascarilla, un invento sanitario de principios del siglo XX cuando la viciosa pandemia de 1918 que los medios de comunicación calificaron incorrectamente como la gripe española se cobró decenas de millones de vidas.

Se están cerrando las fronteras y se están imponiendo prohibiciones de viaje. Los negocios no esenciales están cerrados, las escuelas y las iglesias están cerradas, y las ciudades están encerradas.

PREFACE

We live in a very frightening moment in history, against the grim reality of an invisible virus acting like the Angel of Death and, in its wake, upending the established world order at a cruel, hurtful, and inexplicable pace unseen in modern times.

The novel coronavirus has rewritten the rules of daily life. Even our most sophisticated technologies seem impotent to stop it as we descend into a dystopian world where no one is quite sure how all this will end.

In the face of the raging virus, we desperately reach deep into our toolkit to stop the death spiral it has triggered across continents. Only to realize that the best defense we have against Covid-19, the respiratory disease the virus causes, is as low-tech as you can get: a fourteenth-century mitigation technique everyone has come to know as social distancing, which goes hand in hand with the necessity of wearing a face mask, an early twentieth-century health innovation from the vicious 1918 pandemic incorrectly labeled by the news media as the Spanish flu that claimed tens of millions of lives.

Borders are being closed, and travel bans are being imposed. Non-essential businesses are shuttered, schools and churches are closed, and cities are in lockdown.

El autoaislamiento es un imperativo moral, no una mera sugerencia, como lo pondrían algunos políticos frívolos. Quedarse en casa, según lo ordenado por las autoridades sanitarias y civiles, está destinado a reducir la propagación del coronavirus, y nuestra estricta adherencia a esta directiva contribuye de manera no pequeña a prevenir más muertes innecesarias.

Es en estas circunstancias notables que se escribe los poemas de esta colección de poesía bilingüe. Cuando comencé a escribir el libro en septiembre pasado, nunca imaginé que terminaría trabajando en este proyecto temiendo—en lugar de dando la bienvenida—a cada amanecer, que ha adquirido un nuevo significado siniestro con sus nuevos recuentos de los que murieron durante la noche, la mayoría, si no todos, sin la presencia de sus seres queridos en sus lechos de muerte.

A pesar de la restricción de la movilidad y de la incertidumbre, por no mencionar el terror apocalíptico desatado por la pandemia, mi trabajo poético es una bienvenida distracción de la espantosa forma en que la Muerte ha llamado a la puerta de sus víctimas, cayendo tanto jóvenes como viejos con la precisión mecánica de un robot rebelde.

Gracias principalmente al amor mutuo y al apoyo de mis compañeros frailes y compañeros diarios en el Colegio Nuestra Madre del Buen Consejo en León, España, puedo concentrarme en mi trabajo sin tener que preocuparme por ninguna tarea extraña que compita por mi atención. Y por crear un ambiente de verdadera hermandad propicio para la búsqueda de mi musa poética, les agradezco a todos: Mariano Boyano Revilla, Isaías Álvarez Castro, Ambrosio Sanabría Santervás (recientemente asignado como misionero en Cuba), Manuel Rodríguez Díez, Elias Marbán Fresno, Juan

Self-isolation is a moral imperative, not a mere suggestion, as some flighty politicians would have it. Staying at home, as mandated by health and civil authorities, is meant to curb the spread of the coronavirus, and our strict adherence to this directive contributes in no small way to preventing further unnecessary deaths.

Under these extraordinary circumstances, the poems in this bilingual poetry collection are written. When I first started writing the book last September, never did I ever imagine that I would end up working on this project dreading—instead of welcoming each coming dawn, which has assumed a sinister new meaning with its fresh tallies of those who had perished overnight, most if not all of whom had died without the presence of their loved ones at their death beds.

Despite the mobility restriction and uncertainty, let alone the apocalyptic terror unleashed by the pandemic, my poetic labor is a welcome distraction from the gruesome way the Grim Reaper has knocked on the door of its victims, felling young and old alike with the mechanical precision of a robot gone rogue.

Thanks mainly to the mutual love and support of my fellow friars and daily companions at Colegio Nuestra Madre del Buen Consejo in León, Spain, I can stay focused on my work without having to worry about any extraneous tasks competing for my attention. And for creating an environment of true brotherhood conducive to the pursuit of my poetic muse, I wish to thank them all: Mariano Boyano Revilla, Isaías Álvarez Castro, Ambrosio Sanabría Santervás (recently assigned as a missionary in Cuba), Manuel Rodríguez Díez, Elias Marbán Fresno, Juan Antonio Tejedor Gutiérrez, Isaac Insunza Seco, Santiago Insunza Seco, Valentín

Antonio Tejedor Gutiérrez, Isaac Insunza Seco, Santiago Insunza Seco, Valentín Lorenzana García, Alonso Gutiérrez Díez, Luis Francisco Andrés, Gonzalo González Perera, David Íñiguez Moreno, Teódulo Díez Pacho, Francisco Larrán Álvarez y Arsenio de Dios Rodríguez.

Además, me siento muy en deuda a los siguientes miembros del personal que cumplen desinteresadamente sus deberes sin falta durante estos momentos de sueño irregular: Azucena Coral Rivas, Miriam Barreales López, Mónica Belerda Rodríguez, Isabel Rodríguez Seoane, María Luisa Rodríguez Cuervo, Omar Aquino Cano y Noelia Camino González. Debo decir que su español perfecto me inspiró mientras lucho a veces por encontrar las palabras correctas para escribir mis pensamientos primero en castellano y luego en inglés.

Estoy muy agradecido con mis amigos de Bilbao: el poeta Antonio Aguirre Salamero, el autor José María Alonso Alonso de Linaje y el artista visual Vicente Jáuregui Presa.

El P. Domingo Amigo González, OSA, el primero en ser elegido Prior Provincial de la recién establecida Provincia Agustiniana de San Juan de Sahagún de España, de la cual soy miembro fundador, merece mi respeto y amor fraternal por poseer sabiduría y sentido común para asignarme a la comunidad agustiniana en León, donde me siento bienvenido y animado a seguir mi llamado como fraile y poeta.

Mi afecto se derrama hacia el P. John R. Flynn, OSA, por su carta inspiradora escrita en nombre del Prior General Alejandro Moral Antón, OSA «para alentarlo en este trabajo y desearle más bendiciones».

Lorenzana García, Alonso Gutiérrez Díez, Luis Francisco Andrés, Gonzalo González Perera, David Íñiguez Moreno, Teódulo Díez Pacho, Francisco Larrán Álvarez and Arsenio de Dios Rodríguez.

As well, I feel very much indebted to the following members of the staff who selflessly fulfill their duties without fail during these dangerous times of fitful sleep: Azucena Coral Rivas, Miriam Barreales López, Mónica Belerda Rodríguez, Isabel Rodríguez Secarde, María Luisa Rodríguez Cuervo, Omar Aquino Cano, and Noelia Camino González. Their perfect Spanish, I must say, has inspired me as I sometimes grapple with finding the right words to write my thoughts first in Castellano and then in English.

I am very grateful to my friends from Bilbao: poet Antonio Aguirre Salamero, author José María Alonso Alonso de Linaje, and visual artist Vicente Jáuregui Presa.

Fr. Domingo Amigo González, OSA, the first to be elected Prior Provincial of the newly established Augustinian Province of Saint John of Sahagún of Spain, of which I am a charter member, deserves my respect and fraternal love for possessing both wisdom and common sense to assign me to the Augustinian community in León, where I feel welcomed and encouraged to follow my calling as a friar and a poet.

My affection pours out to Fr. John R. Flynn, OSA, for his inspiring letter written on behalf of Prior General Alejandro Moral Antón, OSA, "to encourage you in this work and to wish you more blessings."

Esta colección de poesía es mi regalo para aquellos que sobrevivieron a la pandemia y mi tributo para aquellos que lucharon bien y, sin embargo, perecieron.

—Gilbert Luis R. Centina III
17 de abril de 2020
Nuestra Madre del Buen Consejo
León (España)

This poetry collection is my gift to those who survived the pandemic and my tribute to those who put up a good fight and yet perished.

—Gilbert Luis R. Centina III
April 17, 2020
Our Mother of Good Counsel
León, Spain

INTRODUCCIÓN

Por Thomas R. Caffrey

All day within the dreamy house,
The doors upon their hinges creak'd;
The blue fly sung in the pane; the mouse
Behind the mouldering wainscot shriek'd,
Or from the crevice peer'd about.

—Alfred Lord Tennyson
Excerpto de «Mariana» *Poems, Chiefly Lyrical* (1830)

Aunque el mundo aún esté bajo el control de la pandemia de Covid-19 cuando leas esto, sus efectos informarán para siempre la experiencia. En el momento de la plaga, algunos pueden haber descubierto que, para ellos, su hogar se había convertido en lo que el de Mariana se había convertido para ella: una *grieta*. La doncella enamorada de Tennyson deja claro tanto su aislamiento como su desolación. Y estos son problemas con los que muchos de nosotros podemos identificarnos a partir de nuestras experiencias con la pandemia, y con los que la mayoría de la humanidad ha luchado desde tiempos inmemoriales. El confinamiento y la cuarentena mundial, sin duda, nos han hecho desear el regreso de la libertad y la normalidad de nuestras vidas anteriores a la enfermedad del coronavirus, al igual que Mariana anhelaba el regreso de su amante. Pero su amante no regresó, y por eso, desea que la muerte le alivie el dolor.

INTRODUCTION

By Thomas R. Caffrey

All day within the dreamy house,
The doors upon their hinges creak'd;
The blue fly sung in the pane; the mouse
Behind the mouldering wainscot shriek'd,
Or from the crevice peer'd about.
                         —Alfred Lord Tennyson
               Excerpt from "Mariana," *Poems, Chiefly Lyrical* (1830)

Whether or not the world is still in the grip of the Covid-19 pandemic when you read this, its effects will forever inform the experience. For in the time of plague, some may have found that their home had become to them what Mariana's had become to her: a *crevice*. Tennyson's lovelorn damsel makes clear both her isolation and desolation, problems with which many of us can identify from our plague experiences and with which most of humanity has struggled from time immemorial. The world's lockdown and quarantine no doubt made us pine for the return of the freedom and normalcy of our pre-corona lives, as Mariana longed for the return of her lover. But her lover did not return, and so she wishes for death to ease the pain.

In the following excerpts from three of Father Gilbert's verses, he first intones a warning of Biblical and Medieval dimensions of the looming specter that approach-

En los siguientes pasajes de tres poemas del padre Gilbert, primero entona una advertencia de las dimensiones bíblicas y medievales del espectro amenazante que se avecina. Y, luego, sus intentos de prestar atención a esos avisos en *sus* grietas:

> Enjambres de langostas siembran la devastación,
> y el Covid-19 resucita
> fantasmas de Peste Negra.
>
> •••
>
> Siempre debo cerrar la puerta,
> para que el coronavirus
> no tenga ninguna entrada.
>
> •••
>
> Nuestra habitación es un lugar más seguro,
> al mantener nuestras distancias
> con los compañeros mortales.

Por desgracia, la habitación del padre no resultó tan segura. De hecho, demostró ser demasiado mortal, ya que pronto se contagiaría con el virus...

> Abrieron sobre mí su boca
> Como león rapaz y rugiente.[1]

Si bien no sabemos cuándo entró el virus en su cuerpo, sabemos que se enfermó al finalizar el manuscrito de este libro y sucumbió rápidamente a la plaga. *Esta terminado...*

Así pues, nuestros corazones añoran al poeta fraile, así como el corazón del salmista se desgarró por sus tribulaciones:

---

[1] Salmos 22:13 (Nueva Versión Internacional).

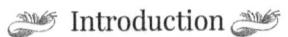

es, and then his attempts to heed those warnings—in *his* crevices:

> Swarms of locusts devastate;
> Covid-19 resurrects
> Phantoms of Black Death.
> •••
> I must always close the door
> So the coronavirus
> Will gain no entry.
> •••
> Our room is a safer place,
> As we keep our distances
> From fellow mortals.

Alas, Father's room proved not so safe while he proved all too mortal, as he soon contracted the virus...

> Roaring lions that tear their prey,
> open their mouths wide against me.[1]

While we do not know when the virus entered his body, we know that he became ill just at the completion of the manuscript for this book and quickly succumbed to the plague. *It is finished...*

So, our hearts ache for the friar poet, just as the heart of the psalmist was riven by his travails:

---

[1] Psalms 22:13 (New International Version).

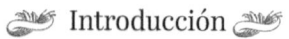

Recuerdo esto
y me deshago en llanto.[2]

•••

El Señor está cerca de los quebrantados de corazón,
y salva a los de espíritu abatido.[3]

Las lamentaciones de Mariana y del padre Gilbert, y ahora las nuestras, deberían recordar esos poemas del antiguo Israel que expresan tanto el lamento individual como el comunitario. Desafortunadamente, muchos piensan que los patriarcas del Antiguo Testamento solo valoraban sus leyes, y los profetas solo sus juicios. Creían que cada grupo estaba haciendo el trabajo de un creador aparentemente inescrutable, indiferente y distante. De hecho, algunas de las Sagradas Escrituras parecen sugerir esto, al igual que este extracto del rey David:

Cuando contemplo tus cielos,
obra de tus dedos,
la luna y las estrellas que allí fijaste,
me pregunto: ¿Qué es el hombre, para que en él pienses?
¿Qué es el ser humano, para que lo tomes en cuenta?[4]

Pero sí lo toma en cuenta. Esos hombres gritaron en su angustia o alegría y nos exhortaron a hacer lo mismo: «¡*Vive con nosotros, Dios!*» Y el padre Gilbert vive con nosotros, mientras tengamos en cuenta sus palabras. Los salmistas se aferraron al hilo de la esperanza en su Creador. Es decir, la esperanza de que cada uno podía invocar al Señor para que entrara en sus experiencias

---

[2] Salmos 42: 4 (NVI).
[3] Salmos 34: 18 (NVI).
[4] Salmos 8:3-4 (NVI).

These things I remember,
as I pour out my soul.[2]

•••

The Lord is close to the brokenhearted
and saves those who are crushed in spirit.[3]

Mariana's and Father Gilbert's lamentations, and now ours, should bring to mind those poems of ancient Israel that express both individual and communal lament. Unfortunately, too many think the Old Testament patriarchs valued only their laws and the prophets only their judgments, believing each group was doing the work of a seemingly unknowable, uncaring and distant creator. Indeed, some of Sacred Scripture can seem to suggest that, as does this excerpt from King David:

When I consider your heavens,
the work of your fingers,
the moon and the stars,
which you have set in place,
what are mere mortals that you are mindful of them,
human beings that you care for them?[4]

But, care he does. Those men cried out in their anguish or joy and exhort us to do the same: *Live with us, God!* And Father Gilbert lives with us, as we take in his words. Psalmists grasped the thread of hope in their Creator, that

---

[2] Psalms 42:4 (NIV).
[3] Psalms 34:18 (NIV).
[4] Psalms 8:3-4 (NIV).

incluso mientras descargaba su ira por el dolor, el sufrimiento, la duda y el miedo que la vida había traído a los inocentes: «*¡Camina con nosotros, Dios!*» Y el padre Gilbert camina con nosotros, mientras llevemos sus palabras.

Yahvé se comunicó a través de sus salmistas cómo lo hizo a través de sus profetas y, finalmente, a través de los santos de su Iglesia, incluido, sobre todo, Agustín. Y así, es al obispo de Hipona a quien debemos acudir para buscar orientación a través de las preciosas palabras con las que podemos simpatizar, empatizar y alegrarnos. Su mayor obra, *Confesiones*, es unos de los libros del mundo cristiano más influyentes y más leídos después de la Biblia. Y, en ese gran trabajo pastoral y espiritual, confía en gran medida en los Salmos para expresar su tema principal de alabanza, y se abre con un verso así:

> ¡Grande es el Señor y lo más digno de alabanza,
> su grandeza que nadie puede comprender![5]

Los Salmos son parte de la continua revelación de Dios sobre sí mismo, y de su creación en la historia de la salvación. Lo que los convierte en versos *religiosos* que deben evocar de nosotros nuestra semejanza con nuestro Creador y nuestra autocomprensión de esa realidad. Y eso tiene sentido cuando uno aprende la etimología latina de la *religión* o, *religare*, como lo enseñó Agustín: ser un vín-

---

[5] Salmos 145:3 (NVI).

each could call upon the Lord to enter into their experiences even while venting their rage at the pain, suffering, doubt and fear life had brought to the innocents: *Walk with us, God!* And Father Gilbert walks with us, as we carry his words.

Yahweh communicated through his psalmists as he did through his prophets and eventually through the saints in his Church—including, most especially, Augustine. And so, it is to the bishop of Hippo that we should go, seeking guidance through the precious words with which we can sympathize, empathize and rejoice. His greatest work, *Confessions*, is one of the most influential and widely read books in the Christian world after the Bible. And in that great pastoral and spiritual work he relies heavily on the Psalms to express his main theme of praise, and opens up with just such a verse:

> Great is the Lord and most worthy of praise,
> his greatness no one can fathom![5]

The Psalms are part of God's continued revelation of himself and his creation in salvation history, thereby making them *religious* verse that is meant to evoke from us our likeness to our Creator and our self-understanding of that reality. And that makes sense when one learns the Latin etymology for *religion* or, *religare*, as taught by Au-

---

[5] Psalms 145:3 (NIV).

culo que une al hombre y a Dios.[6] Después de todo, ¿por qué te unirías a algo diferente? ¿Y cómo podrías? Pero, ese deseo requiere humildad, una virtud cada vez menos común hoy en día, cuando las criaturas piensan que *son* su propio creador, que su dios está en el espejo y que, por lo tanto, ¡son el foco de la adoración litúrgica! Nuestros antepasados de la antigua fe sabían que era al contrario, y que el Creador podía, por supuesto, conocer a sus criaturas de una manera en la que sus criaturas nunca podrían hacerlo, como Dios aclara a través de sus profetas Jeremías e Isaías:

> Antes de formarte en el vientre,
> ya te había elegido.[7]
>
> •••
>
> ¿Acaso el barro le reclama al alfarero:
> ¡Fíjate en lo que haces!...?[8]
>
> •••
>
> A pesar de todo, Señor, tú eres nuestro
> Padre; nosotros somos el barro, y tú el alfarero.
> Todos somos obra de tu mano.[9]

Tan importante como la doctrina es para la comprensión y el desarrollo de la tradición de fe judeocristiana, fueron las canciones líricas del rey David y las

---

[6] Joseph Delaney, «Virtue of Religion», en *The Catholic Encyclopedia*, Vol. 12 (New York: Robert Appleton Company, 1911.), 7 abril 2017.

[7] Jeremías 1:5 (NVI.

[8] Isaías 45:9 (NVI).

[9] Isaías 64:8 (NVI).

gustine: to be a bond uniting man and God.[6] After all: why would you bind with an unlike? And, how could you? But that desire requires humility, an increasingly uncommon virtue today when the creatures think *they* are their own creator, that their god is in the mirror and that they, therefore, are the focus of liturgical worship! Our ancient faith forebears knew otherwise, and that the Creator could of course know his creatures in a way his creatures could never do, as God makes clear through his prophets Jeremiah and Isaiah:

> Before I formed you in your mother's womb,
> I knew your name.[7]
>
> •••
>
> Does the clay say to him who forms it,
> 'What are you making?'[8]
>
> •••
>
> But now, O Lord, you are our Father;
> We are the clay, and you are our potter;
> We are the work of your hand.[9]

As important as doctrine is to the understanding and development of the Judeo-Christian faith tradition, it was the lyrical songs of King David, the animated par-

---

[6] Joseph Delaney, "Virtue of Religion," in *The Catholic Encyclopedia*, Vol. 12 (New York: Robert Appleton Company, 1911), 7 April 2017.

[7] Jeremiah 1:5 (NIV).

[8] Isaiah 45:9 (NIV).

[9] Isaiah 64:8 (NIV).

parábolas animadas de Cristo, así como también el arte bíblico de la Iglesia medieval. En otras palabras, las *artes*: eso ayudó a las personas a sentir primero y luego percibir a Dios, su gloria y su don de fe. Estas fueron las experiencias vividas profundamente de toda la persona que tuviera la esperanza de *conocer* a Dios, y no los pensamientos y sentimientos superficiales destinados a *saber acerca de* Él. Los primeros cristianos no enseñaron la fe por medio de conferencias que detallaban los dogmas y principios sofisticados, sino por medio de los tiernos y misericordiosos actos de caridad y la narración de Jesús, él mismo un maestro de los Salmos.[10] El arte de la poesía nos mueve al volverse personal para nosotros, y luego al invitarnos a compartir la vida del poeta en una gama de experiencias con las que nos podemos identificar. Eso no es posible con el dogma intelectual, por importante que sea. Y el padre Gilbert nos muestra el camino.

El buen reverendo ejemplifica, o atestigua por nosotros, lo que debemos hacer y lo que hizo el salmista. El llanto quejumbroso del cantante/compositor del Antiguo Testamento se dirige a Dios más que habla *sobre* Él, lo que implica una confianza suficiente en su Creador como para que pueda expresar con seguridad su sentido más profundo de sí mismo. Críticamente, todo esto lo hace como parte de la adoración. Y, por lo tanto, es una evidencia de que la relación permanece y de que, finalmente, perdurará:

---

[10] Lucas 24:44 (NVI).

ables of Christ as well as the Biblical art of the medieval Church—in other words, the *arts*—that helped people to first feel and then perceive God, his glory and his gift of faith. These were the deeply lived experiences of the whole person, in the hope of *knowing* God and not the superficial thoughts and feelings aimed at *knowing about* him. The early Christians taught the faith not by lectures detailing the sophisticated tenets and principles, but by the tender and merciful acts of charity and the narrative of Jesus—himself a teacher of the Psalms.[10] The art of poetry moves us by becoming personal to us, and then inviting us to share the life of the poet in the range of experiences with which we can identify. That is not possible with the intellectual dogma, however important that is. And Father Gilbert shows us the way.

The good reverend exemplifies, or witnesses for us, what we must do and what the psalmist did. The Old Testament singer/songwriter's plaintive cry is directed *to* God rather than *about* him, implying a trust in his Creator such that he can safely express his deepest sense of himself. Critically, all this he does still as part of worship, evidence therefore that the relationship remains and will ultimately endure:

---

[10] Luke 24:44 (NIV).

En Dios pondré mi esperanza,
y todavía lo alabaré.
¡Él es mi Salvador y mi Dios![11]

La perspectiva del salmista (y la nuestra y la de nuestro poeta sacerdote) es muy importante. Si su expresión fuera una *queja* sobre Dios, entonces la incomodidad podría motivarlo a exhortar a Dios a cambiar su voluntad soberana y luego llegar al punto de vista del salmista:

Oh Dios, no guardes silencio.[12]

Pero incluso en su *lamento*, él permanece fiel a Dios y a su voluntad y, por lo tanto, se lo alienta a pasar por la gran dificultad. Su desafío es pasar de un sentimiento de *abandono por parte de* Dios cantado en el Salmo 22, a una *deserción* elegida de su voluntad divina. Al mantener su compromiso con Dios en ese poema, él persevera por los «*valles tenebrosos*»[13] y va hacia delante a esos «*verdes pastos*».[14]

Pero para asegurarnos contra la tentación de pasar desapercibido con el abuso de la tarjeta de felicitación del Salmo 23 y hacer de esto un lugar piadoso increíble y, por lo tanto, irrelevante, nuestro guerrero de oración *experimenta* la terrible desolación descrita tan bien por San Ignacio en sus *Ejercicios Espirituales*. Él reconoce

---

[11] Salmos 42:11 (NVI).
[12] Salmos 83 (NVI).
[13] Salmo de David (NVI).
[14] Ibid.

Put your hope in God,
for I will yet praise him,
my Savior and my God.[11]

The psalmist's perspective (and ours and that of our poet priest's) matters greatly. Were his expression a *complaint* about God, then the discomfort might motivate him to exhort God to change his sovereign will and then come to the psalmist's point of view:

God, do not remain silent![12]

But even in his *lament* he remains faithful to God and his will and is thereby encouraged to go through the great difficulty. His challenge is to move from a feeling of *abandonment from* God sung in Psalm 22 to a chosen *abandonment to* his divine will. By keeping his commitment to God in that poem he perseveres through *"the valley of the shadow of death"*[13] and onward to those *"green pastures."*[14]

But to ensure against the temptation to breeze through the greeting card abuse of Psalm 23 and make this an unbelievable and therefore unrelatable pious platitude, our prayer warrior *does* experience the terrible desolation described so well by St. Ignatius in his *Spiritual Exercises.*

---

[11] Psalms 42:11 (NIV).

[12] Psalms 83 (NIV).

[13] Psalm of David (NIV).

[14] Ibid.

la oscuridad y la desesperación, y cómo nos debilitamos como resultado. De modo que la duda del diablo se arrastra insidiosamente en nuestros pensamientos mientras la presencia de Dios se siente todo menos inminente, y hace así que nos hagamos eco del salmista, «*¿Por qué me has abandonado?*»[15] La oración parece seca y sin valor, y nos detenemos. Ignacio nos exhorta a perseverar en la oración, a pesar de cómo nos sintamos; pero muchos se quedan atascados y no creen que puedan. Entonces, es en este punto cuando llegamos a comprender el valor de nuestra musa espiritual: el poeta.

En su verso rítmico, el guionista toca un acorde que resuena en todos nosotros, y transforma las palabras mecánicas en una canción vibrante, y nuestra inmovilidad, en acción. A día de hoy, la ciencia del cerebro ha descubierto lo que los salmistas, poetas y músicos antiguos solo podían saber por intuición: que la música, la melodía o el verso nos estimulan al movimiento y a la emoción. Nos liberamos. Nuestra mala racha termina. Ya sea en el dolor o en la alegría, nuestras oraciones se convierten en un oasis verde y fructífero. Y esta transformación nos da el *consuelo* que recibimos del amor del Espíritu Santo. La esperanza trascendente se ha convertido en el fruto inminente, manifestado en última instancia en la Encarnación. Dios nos persigue, nos hace señas y nos ruega que aceptemos su oferta, pero nunca se impone a nosotros.

¿Tenemos muchas opciones para percibir mejor la realidad sublime y misteriosa de lo eterno y trascendente? Una forma

---

[15] Salmos 22 (NVI).

He acknowledges the darkness and despair and how we weaken as a result, such that the Devil's doubt insidiously creeps into our thoughts while God's presence feels anything but imminent, thereby making us echo the psalmist, "*Why have you abandoned me!*"[15] Prayer seems dry and worthless, and we stop. Ignatius exhorts us to persevere in prayer, despite how we feel; but many get stuck and don't believe they can. So, it is at this point we come to understand the value of our spiritual muse—the poet.

In his rhythmic verse the script artist strikes a chord that reverberates throughout us, transforming the mechanistic words into vibrant song and our stasis into action. Today's brain science has discovered what the psalmists, poets and ancient musicians could only know by intuition: that music, melody or verse stimulate us to movement and emotion. We become unstuck. Our losing streak ends. Whether in grief or joy, our prayers become that green and fruitful oasis; and this transformation gives us the *consolation* we receive from the love of the Holy Spirit. The transcendent hope has become the imminent fruition, manifested ultimately in the Incarnation. God pursues us, beckons us and implores us to accept his offer, but never forces himself on us.

Have we many options to best perceive the sublime and mysterious reality of the eternal and transcendent? One way of perception is through the deep spirituality of a mystic. Mystery is a reality; but it is one that we can only

---

[15] Psalms 22 (NIV).

de percepción es a través de la profunda espiritualidad de un místico. El misterio es una realidad; pero es algo que solo podemos sentir sin saberlo completamente. Teresa de Ávila nos enseñó que las devociones contemplativas de corazón, paz, unión y éxtasis conducen al ascenso del alma hacia Dios,[16] como lo describió el padre Gilbert en su ascenso al Monte Carmelo. Aunque sus pies se movieran o no en ese ascenso, *él* sí lo hizo, en su relación con lo divino.

Otra forma es con el gran don de la imaginación, uno que debe ser moldeado, instó San Juan Enrique Newman, por Cristo y animado por el Espíritu Santo.[17] En su presencia, podemos dejar que nuestras mentes vayan más allá de lo que podemos observar. Y, en cambio, podemos preguntarnos sobre lo que no podemos ver o medir, sobre lo que podría existir en los espacios que hay entre nuestras experiencias, por si acaso la realidad oculta es Dios o nos ayuda a llegar a él. Nuestro Padre Celestial nos ha regalado la imaginación, por lo que deberíamos usarla para glorificarlo, como lo hizo nuestro poeta fraile:

> En el crepúsculo, rápido como las sombras,
> el amor saltó de tu bolsillo,
> y fue a unirse con la luna.
>
> •••
>
> Esos seres invisibles
> visitándome en mis sueños
> han construido un ático

---

[16] Stephen Clissold, en *St. Teresa of Avila* (Lóndres: Sheldon Press, 1982), pp. 63–64.

[17] Nicolas Steeves, SJ, «Saint John Henry Newman: Faith, Holiness and Imagination», en *La Civiltà Cattolica*, número 1912, 10 diciembre 2019.

sense without fully knowing. Teresa of Ávila taught us that contemplative devotions of heart, peace, union and ecstasy lead to the ascent of the soul to God,[16] as Father Gilbert described in his ascent to Mount Carmel. Whether or not his feet moved in that ascent, *he* did, in his relationship with the divine.

Another way is with the great gift of imagination, one that must be shaped, urged Saint John Henry Newman, by Christ and animated by the Holy Spirit.[17] In their presence we can let our minds go beyond that which we can observe and instead wonder about what we cannot see or measure, about what might exist in the spaces between our experiences—just in case that hidden reality is God or helps lead us to him. Our heavenly Father has gifted us with imagination, so we should use it to glorify him—as did our friar poet:

> One twilight, quick as shadows,
> Love leaped out of your pocket
> And joined the moon.
>
> •••
>
> Those invisible beings
> Visiting me in my dreams
> Have built an attic
> In the cranium of my brain
> To shield and to protect me
> From melancholy.

---

[16] Stephen Clissold, in *St. Teresa of Avila* (London: Sheldon Press, 1982), pp. 63–64.

[17] Nicolas Steeves, SJ, "Saint John Henry Newman: Faith, Holiness and Imagination," in *La Civiltà Cattolica*, issue 1912, 10 December 2019.

> en el cráneo de mi cerebro
> para cubrirme y protegerme
> de la melancolía.
>
> •••
>
> Son amigos fieles para mí.
> Traen brillo a mi habitación
> para asegurarse de que escriba
> lo que me cuentan en sueños,
> sobre la bondad y la belleza,
> nada más que la verdad.

La mejor manera es, desde luego, *El Camino*, la identidad propia que Jesús proclamó en su respuesta a Tomás en el Evangelio de Juan, que es también la Verdad y la Vida. La fe cristiana enseña que el Hijo de Dios es la *Palabra* Eterna, y como tal, él pensó y pronunció la creación. Como somos parte de su creación y tenemos la semejanza antes mencionada, podemos hacer lo mismo con nuestras palabras, como lo atestigua el cuerpo de trabajo de nuestro bardo agustino. Por lo tanto, dado que los Salmos son poesía inspirada por Dios, la poesía debe ser un arte y Dios debe ser un artista. Y como el padre Gilbert está hecho a imagen y semejanza de Dios (o *Imago Dei*), él también debe ser un artista:

> Dios es la fuente del arte,
> y el arte debe glorificar a Dios:
> el arte bueno exalta a Dios.
>
> •••
>
> Abuelo, no pinto como tú
> pero la poesía que escribo
> es un lienzo de palabras.
>
> •••
>
> Las obras maestras
> son la suma de dolores

•••

They are faithful friends to me.
They bring radiance to my room
And make sure I write
What they tell me in my dreams,
About goodness and beauty,
Nothing but the truth.

The ultimate way is, of course, *El Camino*, the self-identity Jesus proclaimed in his reply to Thomas in John's Gospel, while also being the Truth and the Life. The Christian faith teaches that the Son of God is the Eternal *Word*, and as such he thought and spoke creation into existence. Since we are part of his creation and have the aforementioned likeness, we can do likewise with our words—as testified by the body of work of our Augustinian bard. Therefore, since the Psalms are poetry inspired by God, poetry must be an art and God must be an artist. And since Father Gilbert is made in God's image and likeness (or *Imago Dei*), he, too, must be an artist:

God is the fountain of art,
And art must glorify God;
Good art exalts God.

•••

Grandpa, I don't paint like you,
But the poetry
I write is a canvas of words.

•••

Artistic masterpieces
Are the sum of sufferings;
Artists must first undergo
When, retracing Calvary,

que los artistas deben antes padecer
cuando, siguiendo su Calvario,
ensangrentados, maltratados, triunfantes,
llegan al Gólgota.

¿Qué busca *exactamente* el poeta con sus palabras?
¿Existe una exactitud cuando señalan algo más allá de sí
mismos tanto cómo una definición individual, como cuan-
do se toman juntas como, por ejemplo, una receta? Aun-
que no estuve presente cuando el padre Gilbert se comió
un trozo de pastel de zanahoria hecho por Eva Ramos
Gómez, tengo plena confianza en que no dijo: «Gracias,
querida Eva, por el delicioso pedazo de harina, azúcar,
huevos, mantequilla y zanahorias», a pesar del significado
importante de cada sustancia (aunque puedo imaginarlo
haciéndolo solo una vez con su sonrisa pícara y disfrutan-
do de la risa resultante, ¡la suya y la de ella!). ¡No! En cam-
bio, le agradeció el pastel que existía *más allá* de los ingre-
dientes y la alegría resultante que ocurrió *más allá* de ese
pastel: la realidad inconmensurable pero transformadora
que existe fuera de nuestra capacidad de ver o superar la
capacidad de *observación* de los demás.

En el Evangelio de Juan, los milagros de Jesús son co-
nocidos como *signos* porque apuntan a algo de mayor im-
portancia. Algo que va más allá de esos actos de su divina
misericordia: la presencia de Dios en su amor divino. Es-
tos, como las parábolas, tienen otra dimensión. La buena
poesía hace lo mismo, al igual que esta oda al recuerdo del
amigo del padre que está dirigido a la esposa de su amigo:

Una vez el pasó, deseó que tú
volvieras a su antiguo refugio,
cuna escocesa del golf,

> Bloodied, battered, triumphant,
> They reach Golgotha.

What *exactly* does the poet seek with his or her words? Is there an exactitude, when they point to something beyond themselves as both an individual definition and when taken together as, say, a recipe? Although I was not present when Father Gilbert ate a piece of carrot cake made by Eva Ramos Gómez, I have complete confidence he did not say, "Thank you, dearest Eva, for the delicious piece of flour, sugar, eggs, butter and carrots," notwithstanding the important meaning of each substance (although I can imagine him doing that just one time with his impish smile, and enjoying the resulting laughter—his, as well as hers!). No! He instead thanked her for the cake that existed *beyond* the ingredients and for the resulting joy that occurred *beyond* that cake: the immeasurable yet transformative reality that exists outside our ability to see or past anyone else's ability *to observe.*

In the Gospel of John, Jesus' miracles are known as *signs* because they point to something of greater importance beyond those acts of his divine mercy: the presence of God in his divine love. They, like the Parables, have another dimension. Good poetry does the same thing, as this ode to the memory of Father Gilbert's friend that is spoken to his friend's wife:

> Once Lito passed, he wished for you
> To return to his old haunt,
> Golf's Scottish cradle,

para que su urna besase el suelo,
para que tú y el golf, su amante,
pudierais reconciliaros.

Principalmente, me di cuenta de que nuestro padre fallecido estaba enamorado de los tres Trascendentales: el Bueno, el Hermoso y el Verdadero. Y ahora, rezamos, él está en medio de ellos y disfruta de la Visión Beatífica.

∎∎∎

No conocía al padre Gilbert Luis R. Centina III. En realidad, debería decir que nunca había *conocido* al fraile padre. Llegamos a este punto como resultado de mi encuentro con su hermano, Pierce, en mi papel de consultor de su empleador. Aquellos que conocen a Pierce y su naturaleza buena y amable, sin duda, entenderán por qué podría surgir una amistad. Pero, después de ver varios libros de teología en su escritorio durante nuestra primera reunión, tuve un mayor interés por conocerlo. Sucede que, durante muchos años, he recibido capacitación en ese tema y lo he usado de muchas maneras. Pero, en toda mi carrera de consultoría, ¡no me he encontrado con otra persona que tuviera libros sobre ese tema en su escritorio! Rápidamente me enteré de su gran interés en la «reina de las ciencias».

En los años siguientes, Pierce y yo nos vimos con muy poca frecuencia. Y, aunque las reuniones fueron breves, siempre disfruté el intercambio de pensamientos sobre asuntos que nos importan a ambos: la espiritualidad cristiana y las artes. La última ocurrió a principios de febrero, cuando Pierce me dio el libro de poesía más reciente de

For his urn to kiss the ground,
That you and golf, his mistress,
May be reconciled.

Mostly, I realized our departed father was in love with the three Transcendentals: the Good, the Beautiful and the True—and now, we pray, he is in their midst and basking in the Beatific Vision.

■■■

I did not know Father Gilbert Luis R. Centina III. Actually, I should better say that I had never *met* the friar padre. We arrived at this point as a result of my meeting his brother, Pierce, in my role as consultant to his employer. Those who know Pierce and his good and kind nature will no doubt understand why a friendship could emerge. But I had greater interest in getting to know him, after seeing several theology books on his desk during our first meeting. It happens that for many years I have been trained in that subject and have used it in many ways, but in all my consulting career, I have not come across another person who had books on that subject on his desk! I quickly learned of his great interest in the "Queen of the Sciences."

In the subsequent few years Pierce and I saw each other very infrequently, and while the meetings were brief, I always enjoyed the exchange of thoughts on matters dear to us both: Christian spirituality and the arts. The latest occurred in early February, when Pierce gave me his brother's most recent book of poetry, *Plus Ultra and Other Poems*, perhaps thinking that I would enjoy it because of my own history of verse. He was correct. At the time of

su hermano, *Plus ultra y otros poemas*, quizás pensando que lo disfrutaría por mi propia historia del verso. Él estaba en lo correcto. En el momento en el que me dio ese regalo, yo no había leído poesía en mucho tiempo, así que estaba ansioso por la experiencia. Como mi lectura comenzó poco antes de la temporada de Cuaresma, decidí convertirla en mi disciplina espiritual durante toda la temporada.

Durante las siguientes semanas, le di a Pierce algunos comentarios sobre esa experiencia. Principalmente, sobre las ideas que había recibido, así como las bendiciones espirituales. Pero no me di cuenta de que él los estaba compartiendo con su hermano. En una respuesta posterior que me dio, Pierce mencionó que le gustaría compartir conmigo algún otro trabajo del buen padre, y que agradecería cualquier idea que pudiera tener sobre ellos. Tomé ese comentario inesperado como un gran honor.

Y luego, solo unas semanas más tarde, recibí la noticia profundamente triste e impactante del breve, pero fatal, encuentro del padre Gilbert con el Covid-19. Un informe que me golpeó hasta la médula a por un par de razones. Primero, porque creía que a través de su poesía, mis contemplaciones orantes sobre él y mi imaginación entre y más allá de sus palabras, un tipo de *Lectio Divina*, Dios me reveló algo sobre sí mismo *y* sobre nuestro fraile. Comencé a conocer la fidelidad, la generosidad, la profunda espiritualidad, el espíritu audaz y valiente del padre Gilbert, y su humor mordaz. Por ejemplo, descubrí que no se escondió a la hora de sacar a la luz algunos de los peores pecados del hombre: brutalidad e hipocresía. Especialmente, cuando fueron sus compañeros religiosos los que los cometieron:

that gift I hadn't read poetry in a while, so I was eagerly looking forward to the experience. Since my reading of it began shortly before the season of Lent, I decided to make it my spiritual discipline for the duration of that season.

Over the next few weeks I gave Pierce some feedback of that experience, mostly about the insights I had received as well as the spiritual blessings, but I did not realize that he was sharing them with his brother. In one subsequent reply to me, Pierce mentioned that he would like to share with me some other work by the good Father, and he would welcome any insights on them I might have. I took that unexpected comment as a high honor.

And then only several weeks later I received the deeply sad and shocking news of Father Gilbert's brief but fatal encounter with Covid-19, a report that hit me to the core for a couple reasons: first, because I believed that through his poetry, my prayerful contemplations on it and my imagination between and beyond his words—a type of *Lectio Divina*—God revealed to me some of himself *and* our friar. I began to know Father's faithfulness, generosity, deep spirituality, bold and courageous spirit and his puncturing humor. For example, I found that he did not hide from calling out some of man's worst sins—brutality and hypocrisy—especially when committed by his religious peers:

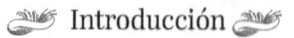

Por casualidad descubriste
esqueletos en el armario,
en crudo, atrapados en el acto,
en flagrante delito,
hipocresía que se exhibe,
clericalismo.

Y contra aquellos que realmente emplean el nombre de Dios en vano:

Ningún crimen es mayor que este:
usar el nombre de Dios
para arrancar impuestos a su pueblo.
Hablaban en lenguas, alabaron su nombre,
y luego pasaron el plato
para que la multitud lo llenase.

Y contra aquellos que hablan de la paja en el ojo ajeno, sin quitar primero la viga de los suyos:

La hinchada curiosidad
de los entrometidos.

Y contra aquellos que dan falsos testimonios:

En estos días cuando esparce
noticias falsas sin cesa
por los tontos.

Y contra ignorancia en nuestros líderes:

Políticos sin cerebro.

By mere chance you uncovered
Skeletons in the closet,
Crude, caught in the act,
In *flagrante delicto,*
Hypocrisy on display.
Clericalism.

And against those who truly take the Lord's name in vain:

No crime is greater than this:
Appropriating God's name
To tax his people.
They spoke in tongues, praised his name
And then passed the plate.

And against those who talk of the splinter in the eyes of others, without first removing the beam from theirs:

The bloated curiosity
Of busybodies.

And against those who bear false witness:

In those days when they churned out
Fake news all day long
—By dimwits.

And against ignorance in our leaders:

Brainless politicians.

Y contra la estupidez que daña a los demás:

> Como un ladrón en la noche
> Covid-19 se cuela sigilosamente,
> pesadilla pandémica.
> Algunos peleles se vuelven virales
> al desafiar la orden
> para contener la plaga.

Y contra aquellos que ganan la piedra de molino atada al cuello por lo que les hacen a los niños:

> ¡Ay de los presuntuosos
> que sienten pena de los demás
> y no de ellos mismos!
> Quieren salvar el planeta
> pero matan a los no nacidos
> para hacer cosméticos.

La segunda razón por la que la noticia me impactó fue porque a finales de febrero, mi hija Maureen se enfermó gravemente del virus, mientras vivía y trabajaba en la ciudad de Nueva York. Durante la primera parte de su enfermedad, compartimos múltiples conversaciones telemáticas, y a través de ellas, vi su miseria. Entonces, decidí conducir hasta su apartamento y traérmela a casa. Una semana después, me enfermé. Si bien estamos agradecidos por habernos recuperado, la muerte de muchos, especialmente del padre Gilbert, atenuó cualquier entusiasmo.

■■■

Sabiendo que el padre Gilbert era un fiel discípulo de Cristo en la tradición de San Agustín, sin duda rezó durante todo su sacerdocio como lo hizo su antiguo mentor:

And against stupidity that harms others:

> Much like a thief in the night,
> Covid-19 stealthily sneaks in,
> Pandemic nightmare.
> Some nincompoops go viral
> In defying the order
> To contain the plague.

And against those who earn the millstone around their necks for what they do to children:

> Woe to the presumptuous
> Who feel sorry for others
> And not for themselves.
> They want to save the planet
> But slaughter the yet unborn
> For their cosmetics.

The second reason the news hit me was that in late February my daughter, Maureen, became seriously ill from the virus, while living and working in New York City. During the early part of her illness we shared multiple video conversations, and through them I saw her misery. So, I decided to drive to her apartment and bring her home, and a week later I became ill. While thankful that we have recovered, the deaths of many—especially Father's—tempered any enthusiasm.

■■■

Knowing Father Gilbert was a faithful disciple of Christ in the tradition of St. Augustine, he no doubt prayed throughout his priesthood as his ancient mentor did:

Respira en mí, oh Espíritu Santo, para que todos mis pensamientos sean santos. Actúa en mí, oh Espíritu Santo, para que mi trabajo también pueda ser santo. Atrae a mi corazón, oh Espíritu Santo, para que defienda todo lo que es santo. Guárdame, oh Espíritu Santo, para que siempre pueda ser santo. Amen.

Quizás, en los últimos momentos santos del padre, rezó la oración del padre Luis Andreu. ¿Su profundo amor por María y por España lo impulsó a cantar, «¡milagro, milagro, milagro, milagro!» en la creencia de que llegaría al corazón de nuestra Santísima Madre y luego a su Hijo como el santo misterio de Garabandal dice que lo hizo para el joven sacerdote?

Cuando la pasión y la muerte de Jesús se acercaban, les dijo a sus discípulos:

—Ha llegado la hora de que el Hijo del hombre sea glorificado—les contestó Jesús—. Ciertamente les aseguro que, si el grano de trigo no cae en tierra y muere, se queda solo. Pero, si muere, produce mucho fruto.[18]

Considero a este trabajo final de verso de oración del padre Gilbert como una de sus muchas semillas, porque de él ha surgido un don de piedra de toque tanto en esta introducción como a través de ella. La experiencia me ha transformado; también me ha hecho esperar haber glorificado a Dios, honrado a nuestro Padre y haber sido un crédito para Pierce y la «comunidad Centina».

Puede ser común dar mayor valor a la obra última de un artista, o al menos tener una mayor curiosidad al

---

[18] Juan 12:23-24 (NVI).

Breathe in me O Holy Spirit, that my thoughts may all be holy. Act in me O Holy Spirit, that my work, too, may be holy. Draw my heart O Holy Spirit, that I love but what is holy. Strengthen me O Holy Spirit, to defend all that is holy. Guard me, then, O Holy Spirit, that I always may be holy. Amen.

Perhaps, in Father's final holy moments, he prayed the prayer of Father Luis Andreu. Did his deep love for Mary and for Spain spur him to chant, "miracle, miracle, miracle, miracle!" in the belief that it would reach the heart of our Blessed Mother and then her Son as the holy Garabandal mystery says that it did for the young priest?

As Jesus' passion and death drew near, he told his disciples:

The hour has come for the Son of Man to be glorified. Very truly I tell you, unless a kernel of wheat falls to the ground and dies, it remains only a single seed. But if it dies, it produces many seeds.[18]

I look at this final work of prayerful verse by Father Gilbert as one of his many seeds, because from it has grown a touchstone gift both in and through this Introduction. The experience has transformed me; it has also made me hope that I have glorified God, honored our Padre and been a credit to Pierce and the "Centina community."

It may be common to place greater value on an artist's final work, or at least to have increased curiosity about it, especially when that work is seen in the context of his

---

[18] John 12: 23-24 (NIV).

respecto, especialmente cuando ese trabajo se ve en el contexto de su muerte. La tradición católica conmemora el aniversario del fallecimiento de una persona en vez de su nacimiento, con una esperanza reverente, si no la celebración, de la entrada de esa persona en la vida eterna. Quizás eso suceda con este libro. Y así, con ese destino potencial en mente, exhortaré a otros de mi mundo con las palabras que transformaron a un pecador en un santo, porque ayudó a transformar las vidas de todos los que aprendieron de él: «¡Toma y lee!, ¡toma y lee!»[19]

SOBRE THOMAS R. CAFFREY: Es el autor de *A Boy for All Seasons... But a Man...?* Mientras dirige un negocio de gestión de lesiones, también está construyendo un ministerio basado en la web (*www.faithpilgrims.com*). Trabaja en varios ministerios de formación de fe para hombres, y recientemente obtuvo una maestría en Teología de la Universidad Georgian Court. Ha estado escribiendo durante 27 años, y su poema sobre John Adams obtuvo el primer lugar en la serie de 2000 «Presidentes estadounidenses» de C-SPAN. Vive en Jersey Shore con sus grandes jardines y mayor imaginación.

---

[19] Agustín de Hipona, *Las Confesiones*, Libro VIII, Nº. 29, traducido por Maria Boulding (Hyde Park: New City Press, 1997).

or her death. The Catholic tradition commemorates the anniversary of a person's passing rather than his or her birth, in reverent hope if not celebration of that person's entry into eternal life. Perhaps that will happen with this book. And so it is with that potential destiny in mind that I will exhort others in my world with the words that transformed a sinner into a saint because he helped transform the lives of all who learned from him: "Pick it up and read! Pick it up and read!"[19]

ABOUT THOMAS R. CAFFREY: He is the author of *A Boy for All Seasons...But a Man...?* While running his own successful injury management business, he is also building a web-based ministry (*www.faithpilgrims.com*) and is involved in various men's faith formation ministries. He holds a Master of Arts in Theology degree from Georgian Court University. He has been writing for 27 years, and his poem on John Adams earned the top prize in C-SPAN's "American Presidents" series of 2000. He lives on the Jersey Shore with his large gardens and larger imagination.

---

[19] Augustine of Hippo, *The Confessions*, Book VIII, No. 29, trans. Maria Boulding (Hyde Park: New City Press, 1997).

INVOCACIÓN

Dios, mi salvador y mi rey,
muele mi voluntad y házla tuya.
Marca mi destino,
mientras me aferro a la vida.
Guíame en mi camino de peregrino,
hacia tu ciudad:
ciudad de verdad y justicia,
ciudad de alegría etérea,
ciudad donde reina el amor.
Donde eres luz que no muere,
visión de perfecta contemplación,
cénit de mi búsqueda,
final de mis andanzas.
Mi brújula de supervivencia,
principio y fin.
Señor, sólo a ti te adoro.
Señor, solo en ti confío.
En ti encuentro mi descanso.

INVOCATION

God, my savior and my king,
Grind my will and make it yours,
Mark my destiny.
As I get a grip on life.
Guide me on my pilgrim way
Toward your city:
City of truth and justice,
City of ethereal joy,
City where love reigns.
Where you are undying light,
Perfect vision to behold,
Zenith of my quest,
Finial of my wanderings,
Compass for my survival,
Beginning and end.
Lord, you alone I worship.
Lord, in you alone I trust.
In you, I find rest.

HAGUIMIT

Misterioso y encantado
es el barrio donde crecí,
Haguimit ¡sin costas!
Al amanecer, el volcán
Kanlaon, alto y orgulloso,
envía su humo negruzco.
Libélulas en el jardín,
abejas que pican y mariposas
que crían entre los pétalos.
Al mediodía el sol se enfada
con los lirios del loto y los nenúfares,
en cuclillas sobre los estanques.
Antes de que llueva a cántaros,
caen los rayos y los truenos retumban
como efectos especiales.
Cuando la oscuridad cubre la tierra,
criaturas que se arrastran apedrean la casa,
y rompen los vidrios de las ventanas.

HAGUIMIT

Mysterious and enchanted,
The village where I grew up,
Landlocked Haguimit!
At break of dawn, Kanlaon
Volcano, lofty and proud,
Sends its blackish smoke.
Dragonflies in the garden,
Stinging bees and butterflies
Breed between petals.
At midday, the sun browbeats
Lotus and water lilies,
Squatting on the ponds.
Lightning strikes, thunder rumbles
Before it rains ceaselessly,
For special effects.
When darkness covers the earth,
Crawling creatures stone the house,
Break window glasses.

EDUARDO PÉREZ GUERRA

Tu manual del Santo Niño,
en edición de lujo,
definió tu sacerdocio
de trabajo y labor imparables.
Sacerdocio de bondad y de amor,
comprometido con Dios.
Trabajaste tanto como pudiste,
mientras fuiste capaz.
Dios te había dotado
de una resistencia que superaba
la hinchada curiosidad
de los entrometidos.
Convertiste tu trabajo en ocio
y terminaste con un gozo
más allá de toda medida.
El Santo Niño fue para ti la fuente
de una fuerza sorprendente,
y así tú te levantaste
por encima de lo absurdo.

EDUARDO PÉREZ GUERRA

Your Santo Niño manual,
Printed and published deluxe,
Defined your priesthood
Of work, unstoppable work,
Priesthood of kindness and love
Committed to God.
You worked as much as you could
As long as you were able.
God had endowed you
With stamina surpassing
The bloated curiosity
Of busybodies.
You turned labor to leisure
And ended up with pleasure
Beyond all measures.
Santo Niño was your source
Of startling strength, and you rose
Above the absurd.

SERGEI YESENIN

Rusia sigue, aún avanza con valor.
Contra el viento, que ahora sopla sin cesar,
y aletea su bandera.
Contra el ímpetu salvaje de la corriente,
que sigue tortuosa los caminos del otoño,
Rusia debe arreglárselas.
La luz naranja del atardecer
lanza un hechizo sobre el lago
para que las estrellas puedan nadar.
Los perros que ladraban a tus amigos
se han ido, silenciados por el tiempo,
como también marcharon tus amigos.
Pero en los sauces de seda junto a vuestra valla,
en las lilas que susurran, tan azules,
en el trigo sarraceno, y su fragancia,
y en este campo de flores que ahora ilumina el sol.
Tus hermosos poemas, aunque tristes,
siguen hoy obligados a permanecer.

SERGEI YESENIN

Russia boldly carries on.
The wind blows unabated,
Flapping Russian flag.
Like wild, impetuous stream,
Across mustard-tortuous road,
Russia must get by.
The orange light of sunset
Casts magic spell on the lake
So the stars can swim.
The dogs barking by your friends
Are long gone, silenced by time,
And so are your friends.
Silky willows by your fence,
The rustling lilacs so blue,
The buckwheat fragrant,
On sunlit field of flowers.
Your beautiful but sad poems
Are obliged to stay.

FERNANDO DE MAGALLANES

Navegaste con la bandera española.
Tu monarca se negó a apoyarte
incrédulo de un mundo desconocido,
el lugar de tu destino,
más allá del Non Plus Ultra.
Navegaste con una tripulación de extraños;
algunos después te abandonaron.
Roto y cansado,
llegaste a una isla lejana,
donde hiciste amistad
con el cacique de la tribu
a cuyos miembros catequizaste,
y por fin conseguiste
bautizar a todos en masa
a la única fe verdadera.
La conversión exigió un alto precio:
moriste defendiendo los derechos
de los nuevos conversos.

FERDINAND MAGELLAN

Under Spanish flag, you sailed.
Your monarch, disbelieving
In the unknown world,
Your target destination
Beyond the *Non Plus Ultra,*
Withheld his support.
You sailed with total strangers;
Some later deserted you.
Broken and weary,
You reached a far-flung island
Where you struck friendship
With the tribal chief
Whose whole tribe you catechized
And had them all mass baptized
To the one true faith.
Conversion had its stiff price:
You died defending the rights
Of the new converts.

ANTONIO AGUIRRE SALAMERO

ntes de que la lluvia abunde,
el cielo y la tierra juegan a sogatira.
Dos facciones en guerra
finalmente sin palabras
para resolver sus diferencias.
Una vez la suerte echada
se detienen, unidas, para cruzar
el Rubicón de su destino.
El ganador lleva siempre la delantera:
quien finalmente prevalece
escribe la versión oficial,
el juicio de la historia,
triste lección de un pasado
del que el futuro
pueda aprender sabiamente.

Cuando por fin llegue la lluvia,
en libación adecuada,
tú escribirás poesía.

ANTONIO AGUIRRE SALAMERO

Before the rain starts pouring,
Sky and earth play tug-of-war.
Two warring factions
Finally run out of words
To settle differences.
Once the die is cast,
They get stuck, bonded to cross
The Rubicon of their fate.
Victor takes the lead:
Who ultimately prevails
Writes the official version,
Also the judgment,
Of history, sad lesson
From the past, for the future
To wisely learn from.

When the rain finally comes,
As a fitting libation,
You write poetry.

VICENTE JÁUREGUI PRESA

Dios es la fuente del arte,
y el arte debe glorificar a Dios:
el arte bueno exalta a Dios.

La luz precede al nacimiento del arte,
y el arte traza el camino de la luz:
el buen arte define la luz.

El arte tiende a copiar la naturaleza,
la naturaleza es el modelo del arte:
el arte refracta la naturaleza.

Los paisajes dan color a tus cuadros,
tus cuadros representan paisajes,
serenos, bonitos.

Tus formas son aquellas de los seres
humanos que, en tus esculturas,
son anónimas y pobres.

Vicente Jáuregui Presa

God is the fountain of art,
And art must glorify God:
Good art exalts God.

Light precedes the birth of art,
And art traces path of light:
Good art defines light.

Art tends to copy nature,
And nature models for art:
Art refracts nature.

Landscapes color your paintings,
Your paintings depict landscapes,
Serene, beautiful.

Your shapes are those of human
Beings that, in your sculptures,
Are nameless and poor.

Tus obras me recuerdan a Dios,
de la naturaleza, de las masas,
impresionante, excelente.

Your works remind me of God,
Of nature, of the masses,
Stunning, excellent.

SANTA TERESA DEL NIÑO JESÚS

Tras nueve días pidiéndote
una señal visible de tu parte,
tres rosas rojas recién cortadas
me fueron entregadas,
junto con un poema bien escrito
y lleno de amor.
Las enviaba una poetisa
de la Universidad,
una estudiante de derecho
y poeta competente
cuyos místicos versos de amor
te perforaban el alma y el corazón.
La novena vino de ella:
tres rosas rojas significan, dijo,
una oración contestada.
La chica no pudo evitar llorar
cuando le dije que quería
hacerme sacerdote.

SAINT THERESE OF THE CHILD JESUS

After nine days of asking
For visible sign from you,
Three fresh red roses,
Accompanied by a poem,
Well written and full of love
Were handed to me,
Sent by a female poet
Of the university,
A student of law,
And a proficient poet
Whose mystical love poems
Pierced both soul and heart.
The novena came from her:
Three red roses meant, she said,
An answered prayer.
The girl could not help but cry
When I told her I wanted
To become a priest.

TERESA DE ÁVILA

La humildad se convierte en verdad
cuando es templada con el sentido común
así sucede a los santos
como tú, cuya única motivación
fue la de dar gloria a Dios
y sólo a Dios.
El ascenso al Monte Carmelo
es empinado pero nunca solitario
cuando lo escalas con Cristo;
y el castillo interior,
santificado por su presencia,
nunca está vacío
sino vivo y lleno de alegría,
dispuesto para hacer la voluntad de Dios,
en sintonía con el plan de Dios.
Santa Teresa, reformadora
seráfica de Ávila,
comparte con nosotros tu sabiduría.

TERESA OF ÁVILA

Humility becomes truth
When tempered with common sense
As happens with saints
Like you, whose only motive
Is to give glory to God
And to God alone.
The ascent to Mount Carmel
Is steep but never lonely
When you climb with Christ;
And the interior castle,
Sanctified by Christ's presence,
Is never empty
But alive and full of joy,
Disposed to doing God's will,
Attuned to God's plan.
Saint Teresa, seraphic
Reformer from Avila,
Share us your wisdom.

CARMELITA PANGAN

En nuestro camino hacia Apalit
tú cantabas sin parar,
alegre por tu regreso al hogar,
y nos mantenías despiertos
con tu voz tan hermosa
como la de un ruiseñor,
tan propia para cantar
canciones de amor.
Querías ayudar a los pobres,
así que construiste un refugio donde
pudieran encontrar consuelo.
Al llegar a Apalit,
un grupo de Negritos
estaba ya a la puerta,
esperando tu llegada
con bolsas de plástico robusto
para llenarlas de tus regalos.
Tras un banquete abundante,
armados con sus bolsas,
se alinearon en fila.

CARMELITA PANGAN

On our way to Apalit
You kept singing your way home,
Keeping us awake
With your voice so beautiful,
Like that of a nightingale,
So right for love songs.
You wanted to help the poor,
So you built a shelter where
They could seek solace.
Upon reaching Apalit,
A number of Negritos
Were there at the gate,
Waiting for your arrival,
With durable plastic bags
To be filled with goods.
After a hearty banquet,
Ready with their plastic bags,
They then formed a line.

LEONORA FRÁNQUEZ BAYLÓN

Al encontrar a tu único amor verdadero,
estabas enamorada del amor
y te enamoraste.
También de la idea de que
estabas enamorada.
De hecho, estabas
llena de palabras, pero la alegría
ahogó tu discurso de silencio,
el dulce silencio de la sabiduría,
que venía de tu corazón.
En tu interior sabías muy bien
que esto no lo era todo.
Aún quedaban preguntas
esperando respuestas precisas.
Pero realmente no deseabas
molestarte en encontrarlas.
En el crepúsculo, rápido como las sombras,
el amor saltó de tu bolsillo
y fue a unirse con la luna.

LEONORA FRÁNQUEZ BAYLÓN

By finding your one true love,
You were enamored with love
And you fell in love
With the idea that you
Were in love. In fact, you were
Filled with words, but joy
Drowned your speech into silence,
The sweet silence of wisdom
That came from your heart.
In your heart, you knew quite well
That this was not everything.
There were still questions
Waiting for clear-cut answers
But you did not really want
To bother with them.
One twilight, quick as shadows,
Love leaped out of your pocket
And joined the moon.

LUIS CENTINA TORRES HIJO

Casi reprobado, sin otra elección,
te atreviste a enfrentar lo inescrutable.
La mano del destino te atrapó
con fuerza y sin darte escapatoria.
Seguiste el camino
trazado para ti.
Y el Invisible te libró de las trampas
que tendían los malvados.
Tu vida fue una larga patrulla
por la ruta de la supervivencia.
Armado de valor, alta la esperanza.
No tomaste el nombre de Dios en vano,
tus creencias, no habladas,
tu fé vivida al máximo.
Ayudaste al prójimo necesitado
con amor más elocuente que palabras,
un amor que aún hoy se escucha alto.
Y más alto porque más en silencio.

LUIS TORRES CENTINA JR.

Almost on the carpet, left
With no choice, you dared face
The inscrutable.
The hand of destiny held
You fast; there was no choice.
You pursued the path
Assigned for you, the Unseen
Delivered you from the traps
Set by the wicked.
Survival was the pattern
You bravely trod all your life,
You never lost hope.
You never mentioned God's name
In vain, belief unspoken,
Faith lived to the full.
By helping neighbors in need,
Love speaks better than mere words,
Louder when unsaid.

Eva Ramos Gómez

Después de merendar,
entré en el jardín
para oler las rosas.
En el estanque contiguo
una rana se subía en su roca
cubierta de musgo verde.
Lantanas multicolores
hacían su guerra por la mirada
de las mariposas aladas.
Albahacas, mentas de gato,
glicinias, lavandas y verbenas,
estríctamente reservadas
sólo para las abejas.
Atrapé una araña terrible,
que acicalar para su gran pelea,
en mi caja de cerillas.
Tu taza de chocolate caliente
y tu bizcocho de zanahoria
me habían dado fuerzas.

Eva Ramos Gómez

After taking *merienda*,
I stepped into the garden
To smell the roses.
At the adjoining fishpond
A frog was perched on a rock
Covered with green moss.
Multi-colored lantanas
Vied to get the attention
Of winged butterflies.
Basils, catnips, wisterias,
Lavenders and verbenas
Were reserved for bees.
I snared a vicious spider,
To be groomed for the big fight,
Inside a matchbox.
Your cup of hot chocolate
And your slice of carrot cake
Gave me confidence.

ALABANZA

Alabado seas Dios Padre,
nuestro jefe y proveedor,
poderoso, fiel, verdadero.
Oh, alabad a Dios Padre.

Alabado seas Jesús, Hijo Dios,
nuestro salvador, nuestro redentor,
la Palabra Encarnada.
Oh, alabad a Dios Hijo.

Alabado seas, Espíritu Santo,
paráclito de todas las gracias,
pentecostés de amor.
Oh, alabad a Dios Espíritu Santo.

Padre, Hijo, Espíritu Santo,
dador de vida que no acaba,
un sólo Dios omnisciente.
Oh, alabad a la Trinidad.

PRAISE

Praise to you, God the Father,
Our boss and our provider,
Mighty, faithful, true.
O praise God the Father.

Praise to you, Jesus, Son God,
Our savior, our redeemer,
The Word Incarnate.
O praise God the Son.

Praise to you, Holy Spirit,
Paraclete of all graces,
Pentecost of love.
O praise the Holy Spirit.

Father, Son, Holy Spirit,
Giver of life unending,
One omniscient God.
O praise the Trinity.

GUADALUPE LACSON

Estabas luchando contra el cáncer,
te habían dado siete meses de vida,
un tiempo prestado.
La iglesia estaba en mal estado,
la fe de la gente amenazada,
rezamos con más fuerza.
Dios te alzó sobre la enfermedad;
y al empezar su remisión,
te comprometiste a ayudar,
a salvar la casa de Dios de su destrucción
por colonias de termitas
y montañas de desidia humana.
La casa de Dios fue restaurada
a su belleza y esplendor,
nuestra oración contestada.
Pasaron siete años
y dije tu misa funeral:
era mi santo deber.

GUADALUPE LACSON

You were battling with cancer,
Given seven months to live
On a borrowed time.
The church was in disrepair,
The people's faith was at stake,
And we prayed harder.
God lifted you from illness;
Remission was taking place
And you pledged to help
Save God's house from destruction
By colonies of termites
And human neglect.
The house of God was restored
To its beauty and splendor,
Our answered prayer.
Seven years, later I said
The funeral Mass for you:
My holy duty.

DOLORES LACSON

A los ciento seis años,
decidiste ayudarnos
a arreglar nuestra iglesia.
Comenzamos por el altar
el presbiterio, el techo,
las boleras...
Inspirado, el pueblo de Dios
soltó su correspondiente fracción de monedas
para hacer historia.
Cómo corrimos contra el tiempo
para salvar la casa de Dios
del colapso total,
como cuando la luna se come al sol,
y el eclipse ocurre, y el mundo
se acobarda en la oscuridad.
Eso no llegó a ocurrir:
los fieles buscaron los medios
con qué salvar su iglesia.

DOLORES LACSON

At one hundred six years old,
You decided to help us
Renovate our church.
It started with the altar
The presbytery, the roof,
The bowling alleys...
Inspired, the people of God
Dropped their fair share of coins
To make history.
How we raced against time
To prevent the house of God
From total collapse,
Like when the moon eats the sun,
Eclipse occurs, and the world
Cowers in darkness.
It did not turn out that way:
The faithful looked for the means
To save their parish.

LEÓN

León, matriarca de España,
madre dulce, a prueba de oro,
serena y tranquila.
Buen auspicio
desde tu fundación por conversos cristianos
de la Legión Romana, llenos de tu celo.
Te has mantenido fiel a tu naturaleza,
tan majestuosa y tan regia,
tranquila, confiada,
pionera de la Edad de Oro
que catapultó el mundo
a la modernidad.
Su gente, como sus pinos,
han resistido los giros y vueltas
de los siglos.
Y siempre han repelido
los ataques de desgracias,
como hojas de un árbol perenne.

LEÓN

León, matriarch of Spain,
Mellow mother, gold tested,
Serene and sedate
Since its auspicious founding
By zealous Christian converts
From Roman Legion,
Has stood true to its nature,
As stately and as regal,
Peaceful, confident
Trailblazer of the Golden Age
That catapulted the world
To modernity.
Its people, like its pine trees,
Have withstood the twists and turns
Of the centuries;
And they have always repulsed
The onslaughts of misfortunes,
Like the evergreen.

ANGELITA MOSSMAN

Lo que deba ser será,
con la precisión infalible
de las damas pías
que vienen a Misa, llueva o truene,
para renovar su fidelidad
al Crucificado.
Por casualidad descubriste
esqueletos en el armario,
en crudo, atrapados en el acto,
en flagrante delito,
hipocresía que se exhibe,
clericalismo.
Con el tremendo golpe en tu cáscara,
permaneciste firme en la fe
y cerraste la boca.
Pero te calumniaron
e hicieron de ti una paria en la parroquia
para cubrir su vergüenza.

ANGELITA MOSSMAN

What must come to pass will pass
With the sustained precision
Of pious ladies
Who come to Mass, rain or shine,
To affirm their faithfulness
To the Crucified.
By mere chance, you uncovered
Skeletons in the closet,
Crude, caught in the act,
In *flagrante delicto*,
Hypocrisy on display.
Clericalism.
Though shell-shocked beyond measure,
You remained steadfast in faith,
And zippered your mouth.
But they calumniated and
Made you a parish pariah
To cover their shame.

BALBINITA LACSON

No encontraste sitio para poner flores,
querías plantar todo árboles frutales
para los niños de la calle,
que andan con el estómago vacío,
condenados por sus padres
a valerse por sí mismos.
Desde el balcón grande
de tu casa colonial,
tan antigua y espaciosa,
tan hermosa y mantenida,
muchas veces pude verte
cada vez que yo pasaba
ofreciendo una lluvia de dinero y de comida
a los pobres y abandonados,
a los enfermos y personas sin hogar
con qué ayudarlos a sobrevivir.

De otro modo estabas en la iglesia,
sólo una dama piadosa,
orando fervientemente.

BALBINITA LACSON

You found no place for flowers,
So you planted fruit trees to
Feed the street children
Who walked on empty stomach,
Abandoned by their parents
To fend for themselves.
From the airy balcony
Of your antique colonial house,
Spacious, well-maintained,
I could oftentimes see you
Whenever I would pass by
Throwing cash and food
For the poor and forsaken,
For the sick and the homeless
To help them survive.

Otherwise, you were in church,
God-fearing lady,
Praying fervently.

ANGELITO DIONIO ALBEZO

Ningún crimen es mayor que este:
usar el nombre de Dios
para arrancar impuestos a su pueblo.
Hablaban en lenguas, alabaron su nombre
y luego pasaron el plato
para que la multitud lo llenase.
Como un banco de pirañas,
usaron psicología de masas
para subvertir la Palabra.
Ministros autoproclamados,
circunvalaron las leyes de Dios
y las hicieron suyas.
Tomaron nuestra parroquia por asalto
e hipnotizaron a nuestro pastor,
solo para manchar su nombre
una vez obtenidos
los datos que se guardaban en la parroquia
sobre todas sus iglesias.

ANGELITO DIONIO ALBEZO

No crime is greater than this:
Appropriating God's name
To tax his people.
They spoke in tongues, praised his name
And then passed the plate
For the crowd to fill.
Like a school of piranhas,
They used crowd psychology
To subvert the Word.
Self-appointed ministers,
They circumvented God's laws
And made them their own.
They took our parish by storm
And mesmerized our pastor,
Only to smear him
Once they were given the access
To guarded parish data.

Conchita Aragón Gatmaitan

Cuando busques al amor, no
mires demasiado cerca al espejo;
en una mañana de invierno,
no esperes encontrar tu amor allí.
La imagen que crees encontrar
puede ser engañosa,
un mero camuflaje de dolor
tapiz de plata en esteroides,
secuestrado por las nubes.
Momentos no deseados de nieve
no prometen la felicidad
incluso si lloras.
Fieles a su forma, ni siquiera
intentan animarte. Lloras,
sola en la noche.
Cuando miras al espejo,
no encontrarás ninguna imagen allí
salvo la tuya.

CONCHITA ARAGÓN GATMAITAN

When you look for love, do not
Look too close at the mirror;
On winter mornings,
Do not expect to find love there.
The image you think you find
Can be deceiving,
A mere camouflage of grief,
Silver lining on steroids,
Sequestered by clouds.
Unwanted moments of snow
Do not promise happiness
Even as you cry.
True to form, they won't even
Try to cheer you up. You cry,
Alone in the night.
When you look in the mirror,
You will find no image there
Staring back, but yours.

SAN JUAN DE LA CRUZ

El ascenso al monte Carmelo
comienza en la noche más oscura del alma
con mil cuchillos afilados
perforando tus cansados pies.
Vuelves sobre el calvario
y compartes el dolor
que sufre el Señor Jesús:
tú eres parte de las bendiciones
a todos los creyentes.
El ascenso al monte Carmelo
es una cita amorosa con el Dios vivo,
el alma transfigurada,
espiritualmente molida, despojada
de vanagloria y de esquemas inútiles.
Bendito vacío.
El ascenso al monte Carmelo,
iluminado por el amor de Cristo,
conduce a la presencia de Dios.

SAINT JOHN OF THE CROSS

The ascent to Mount Carmel
Starts from the soul's darkest night
With thousand sharp knives
Puncturing your weary feet.
You retrace the calvary
And share in the pain
Suffered by the Lord Jesus.
You partake of the blessings
To all believers.
The ascent to Mount Carmel
Is tryst with the living God
For transfigured soul,
Spiritually grounded, stripped
Of futile vainglorious schemes.
Blessed emptiness.
The ascent to Mount Carmel,
Lighted by the love of Christ,
Leads to God's presence.

VIRGINIA ENCISO ESPADERO

La lealtad no se puede comprar,
pero puede evaporarse
cuando la gente a quien
eres leal, no es leal
a ninguna otra persona,
salvo a sí mismos.
Al final te vas por tu lado,
a tu manera, y te tomas más
en serio, y acabas por ser
leal a ti mismo.
El cielo es azul, como siempre
lo ha sido, la hierba es verde,
igual que ayer
cuando decidiste pelear
por la que nunca fue tu propia causa,
sino una causa perdida.
Ahora te miras a ti mismo,
sonríes y te sientes realmente bien,
porque la lucha ha terminado.

Virginia Enciso Espadero

Loyalty cannot be bought,
But it can evaporate
When people you are
Loyal to, are not loyal
To anyone else at all,
Only to themselves.
In the end, you go your own
Way and you take yourself more
Seriously, and you become
Loyal to yourself.
The sky is blue, as it has
Always been; the grass is green
Just like yesterday
When you decided to fight
For what was not your own cause.
It was a lost cause.
As you look at yourself now,
You smile, feeling really good
That it has lasted.

AGATA FRÍAS

Los cucos no son águilas,
no construyen nidos
donde criar su polluelo.
Sino que ponen un huevo en el nido
de otro pájaro, sin que este lo sepa,
un esclavo para ellos.
Adelantándose al resto,
el huevo del cuco se abre el primero
y abandona el cascarón
para romper los huevos legítimos,
matar a sus hermanos
y devorarlos, o bien los arroja con desdén
al suelo del bosque.
Todos los que te persiguieron
construyeron sus trabajos sobre el tuyo
y actuaron de modo inhumano.
Vinieron a promocionarse,
a expensas de tu trabajo,
justo igual que los cucos.

AGATA FRÍAS

Cuckoos are not like eagles,
They do not build their own nests
Where to hatch their young.
They lay their egg in the nest
Of other unknowing birds
Who hatch it for them.
Ahead of the other eggs,
The cuckoo hatches earlier
And once it is hatched
It breaks the rest of the eggs,
Eats them, drops them with disdain
To the forest ground.
All those who came after you
And built their work over yours
Acted inhumane.
They came to promote themselves
At the expense of your job,
Just like the cuckoos.

ESTER RAMIRO BERGMAN

Envuelta en un calor sofocante,
Las Vegas, la fabulosa,
es ciudad de las luces,
donde los residentes gastan fortunas
en los casinos de la esperanza
reorganizando sus vidas,
con sonrisas apenas coincidentes
con sus burbujeantes packs de seis cervezas
mientras los precios bajan
y la temperatura sube
hasta un nuevo récord
de la resistencia humana.
En nuestra visita a los jubilados,
miramos la misteriosa puesta de sol
y su exhibición de pirotecnia
para espíritus aventureros
quienes, como táctica final,
liberan su entusiasmo por la vida.

ESTER RAMIRO BERGMAN

Wrapped up in sweltering heat,
Las Vegas, the fabulous,
Is city of lights,
Where residents spend fortunes
In the casinos of hope
Reshuffling their lives,
With smirks barely mismatching
Their bubbly six-packs of beer
As prices go down
When temperature rises
To record-setting level
Of man's endurance.
Visiting the retirees,
We watch the eerie sunset,
Fireworks on display
To adventurous spirits
Who, as a final gambit,
Launch their eagerness for life.

MARILOU RAMIRO ZULUETA

En su lento viaje hacia Closter
una fresca tarde de otoño
Lito se desvió.
Luchando con la Gran C,
captó un vistazo de eternidad
en los árboles moteados de sol.
Una vez el pasó, deseó que tú
volvieras a su antiguo refugio,
cuna escocesa del golf,
para que su urna besase el suelo,
para que tú y el golf, su amante,
pudierais reconciliaros.

Cuanto más cambian las cosas en la ONU,
más permanecen igual
a cómo eran cuando tú estabas allí.
Las aflicciones de la humanidad
—hambre, guerra y enfermedades—
son aún una constante.

Marilou Ramiro Zulueta

On a slow drive to Closter
That crisp autumn afternoon,
Lito made a detour.
Battling with the Big C, he
Caught a glimpse of all time
In sun-dappled trees.
Once he passed, he wished for you
To return to his old haunt,
Golf's Scottish cradle,
For his urn to kiss the ground,
That you and golf, his mistress,
May be reconciled.

The more things change at the UN,
The more they remain the same
As when you worked there.
Humanity's afflictions—
War, famine, and diseases—
Are still a constant.

MELINDA DIONG

Eras la trabajadora inquebrantable,
enviada por Dios para ser el pilar
de nuestra capilla de la escuela.
La Palabra de Dios cobraba vida
cuando la leías devotamente
ante el pueblo de Dios.
Con fervor excepcional,
siempre proveías
las necesidades de la capilla,
el lugar de culto elegido
por los habitantes del pueblo,
como casa de oración.
Aún el día de hoy, la capilla permanece
en pie allí: hermosa,
robusta casa de Dios.
Nuestra benefactora secreta,
donante insuperable,
tu nombre nunca se menciona.

MELINDA DIONG

You ou were the steadfast worker,
Godsend to be the pillar
Of our school chapel.
The Word of God came alive
When you devoutly read it
Before God's people.
With exceptional fervor,
You consistently provided
For the chapel's needs,
The place of worship chosen
By the village residents,
As house of prayer.
To this day, the chapel is
Still standing there: beautiful,
Sturdy house of God.
Our secret benefactress,
Your name as all-time donor
Is never mentioned.

SUSAN LEE CHUNG

El enorme crucifijo de madera,
que cuelga en la capilla de nuestra escuela,
fue regalo de tu madre.
Ella encargó al nieto
de Gregoria de Jesús
que hiciese la talla.
Y se copió fielmente
del Cristo de Velázquez
en el Museo del Prado.
Cuando visité su hogar,
una casa de cuatro pisos,
pinturas variadas
colgaban en los lugares correctos,
todas obras de artistas famosos,
como una fiesta visual.
Fue entonces cuando sugerí
ese Cristo como modelo
para el crucifijo.

SUSAN LEE CHUNG

The huge wooden crucifix,
Hanging in our school chapel,
Is your mother's gift.
She commissioned the grandson
Of Gregoria de Jesús
To do the carving.
It is faithfully copied
From Cristo de Velázquez
Of Spain's del Prado.
When I visited her house,
A building of four levels,
Several paintings,
Hanging in the right places,
All works of famous artists,
Served as visual feast.
That was when I suggested
The Cristo as the model
For the crucifix.

FRANCESCA GÓMEZ GALVÁN

A veces cuando llueve, diluvia,
como cuando te encuentras sóla
tras dar a luz
a un bebé encantador,
hijo de un padre ausente,
tu marido secreto.
Determinada y persistente,
armada de tu talento para escribir,
tus esfuerzos valieron la pena.
Al ver la foto del bebé,
su comandante al mando
lo dispensó de inmediato
de su despliegue en el Canal de Panamá
junto a la fuerza naval
de los Estados Unidos.
Fue enviado de regreso a casa.
De vuelta a tus brazos, el abuelo,
el primer pintor del clan, fue el padre
de mamá, vuestra segunda hija.

FRANCESCA GÓMEZ GALVÁN

Sometimes when it rains, it pours,
Like finding yourself alone
After giving birth
To a charming baby boy,
Son of his absent father,
Your secret husband.
Determined and persistent,
Aided by your writing skill,
Your efforts paid off.
Seeing the baby's picture,
His commanding officer
Promptly dismissed him
In the Panama Canal
From the U.S. naval force.
He was shipped back home.
Back to your arms, grandfather,
The clan's first painter, fathered
Mom, your second child.

ELIODORO SALAS RAMOS

Abuelo, cualquiera puede dibujar,
así siempre me alentabas
mientras te veía pintar
silueta de señorita
o amanecer en Mampunay,
génesis de nuestro clan,
donde plantaste cañas de azúcar,
alegres de cortar y dulces de masticar.
Nido de antaño,
atardecer de Tinin-awan
donde tu cafetal
nunca produjo un centavo.
Cuando perdiste tu fortuna,
quemaron mi pincel y mi paleta,
para que no pudiese pintar.

Abuelo, no pinto como tú
pero la poesía que escribo
es un lienzo de palabras.

ELIODORO SALAS RAMOS

Grandpa, anyone can draw,
You always encouraged me
While I watched you paint
Silhouette of *señorita*
Or sunrise at Mampunay,
The clan's genesis,
Where you planted sugar cane,
Fun to cut and sweet to chew.
Nest of long ago,
Or Tinin-awan sunset
Where your coffee plantation
Never earned a dime.
When you lost all your fortunes,
They burned my brush and palette,
So I could not paint.

Grandpa, I don't paint like you,
But the poetry I write
Is canvas of words.

LEONESES

Como los Picos de Europa,
han cauterizado las heridas
de los siglos.
Como su catedral gótica,
son el relicario
de tiempos dorados.
Como el Hostal de San Marcos,
son indestructibles
si se les prueba con fuego.
Como la Casa Botines,
son la mejor obra de arte
sacada de una mente moderna.
Como El Palacio de los Guzmanes,
son un retrato perfecto
del Renacimiento.
Al igual que el río Bernesga,
cuando arrojan sus talentos,
las bendiciones inundan la tierra.

LEONESES

Like Picos de Europa,
They have cauterized the wounds
Of the centuries.
Like their Gothic cathedral,
They are the reliquary
Of the golden times.
Like Hostal de San Marcos,
They are indestructible
If tested by fire.
Like the Casa Botines,
They are finest piece of art
Culled from modern mind.
Like the Guzmanes Palace,
They are pluperfect portrait
From the Renaissance.
As with Bernesga River,
When they all cast their talents,
Blessings flood the earth.

JERÓNIMO ÁLVAREZ

Confesor de Zamora,
confiable, dando moral
en los momentos de desánimo,
humano y humanitario.
No importa cual sea el numero
de penitentes alineandos
para confesarte,
tu paciencia no tenía límite.
Escuchaste con compasión
y diste buenos consejos,
apropiado para cada pecador,
quién vino a buscar el perdón
de Dios misericordioso.
Los seminaristas inconscientes
fueron a otros confesores,
sin probarte.
Pero lo intenté, y desde entonces,
habías sido mi confesor
digno de mi confianza.

JERÓNIMO ÁLVAREZ

Confessor from Zamora,
Trustworthy, morale-boasting,
Human and humane.
No matter what the number
Of penitents lining up
To confess to you,
Your patience had no limit.
You listened with compassion,
And gave sound advice,
Proper to every sinner,
Who came to seek forgiveness
From merciful God.
Seminarians not aware
Went to other confessors,
Without trying you.
But I did try and since then,
You had been my confessor,
Worthy of my trust.

NORMA TOMASA TRANCE ANTARAN

Lo llamamos Tangalan Point
por falta de un mejor nombre.
¡Qué playa tan prístina!
Mi padre, tu hermana Dina,
y Tito, su hijo, estaban todos allí,
como parte de la senda.
Los arrozales y cocoteros,
espectáculo de abundancia de la naturaleza,
se desplegaban en equilibrio
entre tus deberes como médico
de la escuela y tu
trabajo a tiempo parcial como agricultor.
Tú y papá conversábais, Dina
preparaba la comida, mientras Tito
y yo nos fuimos a nadar.
La comida nos unió:
después de haber dado las gracias,
limpiamos nuestro plato.

NORMA TOMASA TRANCE ANTARAN

We called it Tangalan Point
For want of a better name.
Such a pristine beach!
My dad, your sister Dina
And Tito, her son, were there,
As part of the trail.
Rice fields and coconut trees,
Nature's show of abundance,
Displayed the balance
Between your duty as school
Physician and your part-time
Job as a farmer.
You and Dad chatted, Dina
Prepared the food, while Tito
And I went swimming.
The food brought us together:
After having said the grace,
We cleaned up the plate.

AMELIA T. VALERA

Afortunados, de verdad, son los estudiantes
cuyos padres desean la sabiduría
para sus hijos.
Les proporcionan el conocimiento
que necesitan para la supervivencia,
para lograr la cual hace falta sabiduría.
Todos los estudiantes son sobresalientes,
como también lo son sus padres
que se rompen la espalda por ellos.
Los padres sueñan con grandeza,
las madres, con una vida mejor,
los niños les dan su amor,
y son la fuerza impulsora
del deseo de sus padres
para que sean triunfadores.
Los padres son los mejores maestros.
El hogar, como centro de aprendizaje,
es lo definitivo.

AMELIA T. VALERA

Lucky, indeed, are students
Whose parents value wisdom
Among their children.
They provide them the knowledge
They need for their survival
Where wisdom matters.
All students are outstanding,
And so are their parents who
Break their back for them.
As fathers dream of greatness
And mothers of better life,
Children give them love.
Children are the driving force
Behind their parents' desire
To be achievers.
Parents are finest teachers.
Home, as center of learning,
Is the ultimate.

ESTRELLA NAVALES

Tu amor por el Sagrado Corazón
irradia de tu cara tierna,
telaraña de fuerza,
tan gentil, tan persuasiva
cuando llega la hora de decidir.
Digna, capaz, administradora prudente,
consigues resultados a su debido tiempo
y haces lo que debes...
Exiliados aquí en la tierra, no somos
muy distintos de las plantas efímeras a la orilla del río
de la vida, girando, ruidosos
en el lapso de nuestra vida breve,
hasta que efervescentes nos deshacemos.
En cuanto a ti, te quedas en silencio;
pero aunque no hablas,
tus obras dicen mucho.

Estrella Navales

Your love for the Sacred Heart
Radiates on your tender face,
Gossamer of strength,
So gentle, so persuasive
When it is time to decide.
Worthy, capable,
Prudent administrator,
You deliver in due time
And do what you must...
Exiled here on Earth, we are
Not unlike ephemerals
On the riverbank
Of life, swirling, making noise
In the span of brief lifetime,
Till we fizzle out.
As for you, you stay silent;
But even though you don't speak,
Your deeds say a lot.

JAIME ARRIÁGADA MORENO

El Chile de Gabriela Mistral
es un paisaje de piedad,
acero cepillado por la razón;
El Chile de Pablo Neruda
es un banquete diplomático
en lazos de poesía;
Para Isabel Allende,
autoexiliada, una expatriada,
Chile es aún su hogar;
Para Blanca, tu primera hija,
Chile es una canción de amor clásica,
una serenata intemporal.
Para Jaime, tu único hijo,
Chile está despertando,
la llave de la sabiduría.
Para Violeta, tu más joven,
Chile es el aire que respira,
la fragancia que huele.

JAIME ARRIÁGADA MORENO

Gabriela Mistral's Chile
Is a landscape of piety,
Steel brushed by reason;
Pablo Neruda's Chile
Is diplomatic banquet,
Laced with poetry;
For Isabel Allende,
Self-exiled, an expatriate,
Chile is still home;
For Blanca, your first daughter,
Chile is classic love song,
Timeless serenade.
For Jaime, your only son,
Chile is awakening,
The key to wisdom.
For Violeta, your youngest,
Chile is the air she breathes,
The fragrance she wears.

MARIBEL AGUIRRE SALAMERO

En el Gólgota del amor
el arte es un calvario solitario,
escalada en la nieve de nuestra fe.
Los artistas llevan una carga
tan pesada que en verdad necesita
una descarga.
El proceso puede ser tedioso,
o rápido y, a la velocidad del rayo,
nace la obra de arte.
Multidimensional, el arte
es una mezcla de colores
saliendo a la luz.
Las obras maestras
son la suma de dolores
que los artistas deben antes padecer
cuando, siguiendo su Calvario,
ensangrentados, maltratados, triunfantes,
llegan al Gólgota.

MARIBEL AGUIRRE SALAMERO

On the Golgotha of love
Art is lonesome Calvary,
Skin Hill of our faith.
Artists carry a burden
So heavy, it in truth needs
An unburdening.
The process may be tedious
Or quick and, in lightning speed,
Work of art is born.
Multidimensional, art
Is a mixture of colors
Coming into light.
Artistic masterpieces
Are the sum of sufferings
Artists must first undergo
When, retracing Calvary,
Bloodied, battered, triumphant,
They reach Golgotha.

Lutgarda Antonio Manguardia

Recién llegado del Barrio Haguimit,
la ciudad de Bacolod me sorprendió
y me paralizó.
Las luces de neón me deslumbraron,
con molestos ladridos como pestes
en el carnaval.
Vosotros, mis doce primos, me recibisteis,
me dijisteis que me sintiera como en casa.
Entonces tú me cogiste la mano.
Como la mayor entre los hermanos,
actuabas como la gran hermana
de todos nosotros.
Soltera, profesional,
eras profundamente religiosa.
Nos guiaste hacia Dios.
Verdaderamente, cumpliste tu papel
cuando me decidí a buscar
la ciudad de Dios.

LUTGARDA ANTONIO MANGUARDIA

resh from Barrio Haguimit,
Bacolod City fazed me
And gave me cold feet.
The neon lights dazzled me,
Pesky barkers pestered me
In the carnival.
You twelve cousins welcomed me,
And told me to feel at home.
Then you grasped my hand.
As the eldest of children,
You acted as Big Sister
To all of us.
Unmarried, professional,
You were deeply religious.
You led us to God.
Verily, you played your part
When I decided to seek
The City of God.

ROMEO ANTONIO MANGUARDIA

El monte Makiling es el lugar
de la hermandad internacional
de boy-scouts
que frecuentabas de chico
una vez visitado
el Barrio Haguimit.
Antes de que pudieras tomar el avión,
añadimos algunas provisiones
en tu mochila:
latas de sardinas, cerdo y frijoles,
carne embotada, ternera con maíz, Spam,
queso Kraft y leche condensada.
Fuiste tratado como un héroe
por boy-scouts demasiado pobres para poder viajar,
obligados a quedarse en casa.
Esa noche, los boy-scouts griegos perecieron,
al estrellarse en el monte Pinatubo.
Todos los scouts, ricos y pobres,
guardaron luto por ellos.

ROMEO ANTONIO MANGUARDIA

Mount Makiling was the site
Of the International
Boy Scout Jamboree
You attended as a boy
After having visited
Barrio Haguimit.
Before you could take the plane,
We added some provisions
Inside your backpack.
Cans of sardines, pork and beans,
Potted meat, corned beef, Spam,
Kraft cheese, condensed milk.
You were treated as hero
By scouts too poor to travel
And forced to stay home.
That night, Greek boy scouts perished
In Mount Pinatubo crash.
Rich and poor scouts mourned.

AIDA CRISÓSTOMO PEDRAJAS

Ninguna tragedia es mayor
en esta vida que el haber nacido
un pariente pobre.
Visitas un hotel de cinco estrellas
propiedad de tu rico tío abuelo, pero
no puedes registrarte.
La mejor cadena de televisión de la tierra,
propiedad del mismo tío abuelo,
está fuera de tu alcance.
Tu tío abuelo posee un banco,
pero tú no tienes dinero
ni para hacer un depósito.
Él vive por todo lo alto en un ático,
muy protegido, a salvo
de personas como tú.
Él camina entre poderosos
y se identifica con ellos;
pero jamás con los pobres.

AIDA CRISÓSTOMO PEDRAJAS

No tragedy is greater
In this life than to be born
A poor relation.
You visit a five-star inn
Owned by rich grand-uncle, but
You cannot check in.
The land's top TV station,
Owned by the same grand uncle,
Is unreachable.
Your grand uncle owns a bank,
But you don't have the money
To make deposit.
He lives high up a penthouse,
Heavily guarded, shielded
From people like you.
He walks among the mighty
And identifies with them;
Never with the poor.

FILIUSA TIMBANCAYA PONCE DE LEÓN

Cuando menos, es estresante
vivir en Makiki Heights, allá arriba
no eres tú mismo.
Te sientes como si estuvieras en Eastwood
junto a una estrella de cine que ya envejece,
en contraste con tu juventud.
Ves a dobles detestables
instalándose en el toldo,
como avispas no invitadas.
Vendedores ambulantes de influencias,
se agolpan a la puerta de las fiestas,
como manadas de hienas.
También allá arriba, los vampiros
se encargan de administrar los bancos de sangre.
Es más extraño que la ficción.
Cuando a los estafadores se les encierra
en una jaula de oro,
acaban por comerse sus propios corazones.

FILIUSA TIMBANCAYA PONCE DE LEÓN

At the least, it is stressful
In Makiki Heights; up there
You are not yourself.
You feel like you're in Eastwood
With an aging movie star,
Your fountain of youth.
You watch obnoxious stand-ins
Making nests at the awning,
Uninvited wasps.
You meet influence peddlers,
Gate-crashing at the party,
Pack of hyenas.
Also, up there, the vampires
Are tasked to manage blood banks.
Stranger than fiction.
When con artists are locked up
In a gilded iron cage,
They eat their hearts out.

EUGENE TRAMBLE

En la casa de retiros de Marylake,
se filmaron algunos episodios
de la serie *Twilight Zone*.
Yo estuve allí una vez, no para filmar
sino para sobrevivir a un purulento
clericalismo.
Como prior de la casa,
me pusiste bajo el cuidado de Dios
y su protección.
No hiciste proselitismo.
Sólo hablamos sobre el arte.
Y nos hicimos verdaderos amigos.
Mi poesía volvió a la vida,
saltó vibrante con tus anécdotas
y tu sentido del humor
tan típicamente irlandés,
sin pretensiones, reconfortante,
un bálsamo para la fe rabiosa.

EUGENE TRAMBLE

At Marylake retreat house
They once filmed some episodes
Of the *Twilight Zone.*
I was there once, not to film
But survive the festering
Clericalism.
As the prior of the house,
You put me under God's care
And his protection.
You did not proselytize.
All the time we discussed arts
And became true friends.
My poetry sprang to life,
Vibrant with your anecdotes
And sense of humor,
So typically Irish,
Unassuming, comforting,
Balm for livid faith.

ISIDRO DE LA VIUDA DÍEZ

Antes de la nochevieja
te encontrarás solo,
caminando un callejón
hacia El Escorial,
cerrado, laberíntico,
poco frecuentado y desconocido.
Es como verse forzado a atravesar
un estrecho de indecisiones
donde luchar con
tu elección entre la vida o la muerte,
sin otra opción,
salvo abstenerse.
Pero miras más adelante
y te atreves a hacer lo que hay que hacer
de la mejor manera que puedes.
Y entonces encuentras otros caminos,
más seguros y acogedores.
El tiempo es un aliado.

ISIDRO DE LA VIUDA DÍEZ

Before the New Year's Eve
You will find yourself alone,
Walking down the alley,
Enclosed and labyrinthine,
Less surveyed, unfamiliar,
To El Escorial,
Like being forced to pass through
A strait of indecisions
Where you grapple with
Your choice between life or death,
With no other option left,
Except to abstain.
But you look further ahead,
And dare do what must be done
The best way you can.
And then you find extra routes,
Safer and more welcoming.
Time is an ally.

EUTIQUIO MERINO FERNÁNDEZ

Apostar por un pasado glorioso
es como escoger las cartas equivocadas
en un juego de póker.
Señales de incomodidad
se adueñan de la cara, y la mala suerte
manipula el destino.
Cuando nos volvemos evidentes,
nos convertimos en un espectáculo,
pan comido para unos jugadores
que juegan para ganar, nada más,
y juegan solo por hoy,
para este mismo instante.
La vida es un regalo, no un juego
de azar; la vida no depende
de una baraja de cartas.
Somos nosotros quienes modelamos
nuestra buena fortuna.
Así como dependemos por completo
de la providencia de Dios.

EUTIQUIO MERINO FERNÁNDEZ

Betting on the glorious past
Is like picking the wrong cards
In a poker game.
Signs of obvious discomfort
Show on the face, and bad luck
Manipulates fate.
When we give ourselves away,
We become a spectacle,
A joke for gamblers
Who play to win, nothing else,
And play only for today,
This very moment.
Life is a gift, not a game
Of chance, life does not rely
On a deck of cards,
We shape our own good fortune
As we depend completely
On God's providence.

IMELDA ROMUALDEZ MARCOS

Tus cenas imeldíficas
dieron fuerza a los hipócritas
que planearon tu caída.
Periodistas raros o columnistas pagados
retocaban historias urbanas
como aperitivo.
Líderes eclesiásticos metidos en política,
lamentando tus excesos,
y poniendo a Dios en su sopa.
Damas azules de corazón amarillo
imitaron tus caprichos desmedidos
para intrusos en las fiestas.
Los rumores seguían girando como el humo
—ni confirmados ni denegados—
mientras se sirvió el café.
(Los que no tenían nada que decir
transfirieron las tabletas de chocolate
al interior de sus bolsillos.)

IMELDA ROMUALDEZ MARCOS

Your imeldific dinners
Pumped up all the hypocrites
To plot your downfall.
Weird journos and paid hacks
Refurbished urban stories
For aperitifs.
Politicized church leaders,
Bewailing your excesses,
Put God in their soup.
Yellow-hearted Blue Ladies
Mimicked your unguarded quirks
To party crashers.
Rumors kept swirling like smoke—
Neither confirmed nor denied—
While coffee was served.
(Those who had nothing to say
Transferred the chocolate bars
Into their handbags.)

Ferdinand Marcos Édralin

La grandeza no viene por casualidad,
ni por suerte, ni siquiera por
un diseño personal.
Algunos se vuelven grandes, sólo por estar allí
cuando son arrastrados
a enfrentar el desafío.
Cuando se descubren sus carencias, estallan como
burbujas y desaparecen sin
dejar rastro en el aire.
Algunos simplemente tienen suerte porque
han nacido con lo que se necesita
para alcanzar la grandeza.
Pero a veces algo en alguna parte
descarrila su camino a la grandeza
y les llega el olvido.
Otros tienen suerte y herramientas
además de su lucha personal,

Ferdinand Édralin Marcos

Greatness does not come by chance,
Nor by luck, nor even by
Personal design.
Some become great, just being
There when they are swept
To meet the challenge.
When found wanting, they burst like
Bubbles and vanish without
A trace on thin air.
Some are plain lucky because
They are born with what it takes
To achieve greatness.
But sometimes something somewhere
Derails their path to greatness,
And comes oblivion.
Still, others have luck and tools
Aside from their personal
Struggle, but greatness

pero la grandeza
sigue siendo esquiva, tan fuera
de su alcance y tan fuera de la vista.
Ella escoge a su propia elección.

Remains elusive, so out
Of reach and so out of sight.
It picks its own choice.

HONORATA FAJARDO

Debe de haber algo allí arriba
más allá del arco iris donde las nubes
ocultan nuestros mantos plateados
tras su grueso paracaídas,
un canalón de la lluvia que cae,
una máquina de reciclaje.

Debe de haber algo allá arriba
donde la carta celestial de colores
despliega el arco iris.

Por eso, hasta cuando
pienso que me visitas,
en tu silla de ruedas, con tanto amor,
la vida se transforma en pura alegría,
como cuando la abuela vivía,
con todos aún a su alrededor,
érase una vez.

HONORATA FAJARDO

There must be something up there
Beyond the rainbow, where clouds
Hide silver linings
Behind their thick parachute,
Conduit to falling rain,
Recycling machine.

There must be something up there,
Where celestial color chart
Unveils a rainbow.

That is why, even as I
Think of you visiting me,
On your wheelchair, with much love,
Life becomes pure joy,
Like when Grandma was alive,
And everyone still around,
Once upon a time.

ELSA REGALA

La devoción a los Dos Corazones
de Jesucristo y de María
fue sagrada para ti;
fue luz en tu apostolado
de sufrimientos diarios
de hambre y necesidad;
junto a los enfermos, los abandonados,
los despojados y las personas sin hogar.
Fe que se vé probada;
con estudiantes sin recursos
para acabar lo que empezaron,
y necesitaban de tu ayuda;
con los sacerdotes que realmente anhelaban
arreglar la casa de Dios
para la fe de su gente.
Tu santa, tu limpia devoción,
a Jesucristo y a María,
resume bien tu vida entera.

ELSA REGALA

evotion to the Two Hearts
Of Jesus Christ and Mary
Was sacred to you;
Light of your apostolate
With those daily suffering
From hunger and want;
With the sick, the forsaken,
The deprived and the homeless,
Faith under trial;
With students who had no means
To finish what they started,
And needed your help;
To priests who really wanted
God's house to be repaired,
For the people's faith.
Your most holy devotion
To Jesus Christ and Mary
Sums up your whole life.

NILA REGALA

La devoción a los Dos Corazones
de Jesucristo y de María
es algo inquebrantable.
Un arma en nuestra guerra habitual
contra las fuerzas del mal.
Jesús, nuestro Señor y nuestro Dios,
nuestro Salvador y Redentor
es nuestro protector.
Jesús nos rescató de la muerte
para que pudiéramos ser hijos de Dios
y herederos del cielo.
El Sagrado Corazón de Jesús,
que arde de amor y misericordia,
quiere nuestra salvación.
El Corazón Inmaculado de María
es uno con el de Jesús,
para hacer la voluntad de Dios.

NILA REGALA

Devotion to the Two Hearts
Of Jesus and of Mary
Is impregnable
Weapon in our ongoing
Spiritual warfare against
Forces of evil.
Jesus, our Lord and our God,
Our Savior and Redeemer,
Is our protector.
Jesus ransomed us from death,
So we could be God's children
And heirs of heaven.
The Sacred Heart of Jesus,
Burning with love and mercy,
Wants our salvation.
Mary's immaculate heart
Is one with that of Jesus,
In doing God's will.

Edgardo «Bing» Arellano

Apóstol de los Dos Corazones
de Jesucristo y de María,
un espíritu familiar
en nuestros días de seminario
cuando la pluma de Ratzinger
luchaba contra las herejías.
Fueron años psicodélicos
en el amanecer de la era
de Acuario.
Te sentabas a mi lado
mientras abiertamente leía libros
del Che Guevara,
tú con tu teología,
y yo con mi poesía,
sentados uno junto al otro,
sin hacer proselitismo,
tratándonos siempre
con respeto mutuo.

EDGARDO "BING" ARELLANO

Apostle of the Two Hearts
Of Jesus Christ and Mary,
A kindred spirit
Of our seminary days
When Ratzinger's pen battled
Against heresies.
Those were psychedelic years
At the dawning of the Age
Of Aquarius.
You would sit down beside me
As I openly read books
On Che Guevara,
You with your theology,
And me with my poetry,
Seated side by side,
Never proselytizing,
Always treating each other
With mutual respect.

CARMEN TORRES

Bendito sea Dios por los recuerdos
que juntos vivimos al máximo.
Ofrecíamos cenas gratis
a feligreses variados,
extraños absolutos en su mayor parte,
que venían a escuchar nuestra Misa.
A veces, por amor de Dios,
pasamos por alto episodios
que le perjudicaban.
De nada sirve recordar
las obras de los malvados,
fuera del plan de Dios.
El Spanish Harlem en Manhattan
no es para los débiles de corazón
como cuando estuvimos allí.
Hicimos lo que tenía que hacerse,
y lo hicimos lo mejor que pudimos.
¡Gloria a Dios!

CARMEN TORRES

Bless God for the memories
We fully lived together,
Throwing free dinners
To diverse parishioners,
Total strangers, mostly, who
Came to hear our Mass.
At times, for the love of God,
We overlooked episodes
That undermined him.
There's no use remembering
Handiworks of the wicked,
Outside of God's plan.
Spanish Harlem, Manhattan
Is not for the faint of heart
As when we were there.
We did what had to be done,
And we did the best we could.
Glory be to God!

VICTOR DAVID

Como el bíblico hombre justo
directamente de la Sagrada Escritura,
apareciste en Misa
para quedarte como feligrés,
aunque tú y tu costilla Sylvia
vivíais en Queens.
Nuestra parroquia era muy pobre.
nuestra iglesia casi vacía,
abandonada en masa
por aquellos que buscaban un nuevo
estilo de vida, fuera de Nueva York,
con paz y tranquilidad.
Documentado, por lo tanto legal,
y admirador de Donald Trump,
además de ser arquitecto,
te ofreciste a encabezar

VICTOR DAVID

Like the biblical just man
Straight from the Holy Scripture,
You showed up at Mass
And stayed as parishioner,
Though you and your wife Sylvia
Were living in Queens.
Our parish was very poor,
Our church almost empty,
Abandoned in droves
By those who wanted a new
Lifestyle, outside of New York,
Of peace and quiet.
A hard-working immigrant,
Admirer of Donald Trump,
And an architect,
You volunteered to spearhead

la reparación de nuestra capilla,
como iglesia sustituta
mientras la desmoronada casa de Dios,
con sus preciosas vidrieras,
siguiese en mal estado.

The repair of our chapel,
As substitute church
While the crumbling house of God,
With its precious stained glasses,
Was in disrepair.

Monsignor/Heneral Domingo Nebres

Por Dios y por la patria fuiste
a servir donde más te necesitaban,
allí donde nadie se atrevería
a proclamar la misericordia de Dios,
su amor incondicional,
y su perdón.
Más allá de toda medida, perdurable,
más allá del alcance del conocer humano,
fiel, sin final.
En tu sacerdocio, sólo Cristo
era el Jefe, y sólo Cristo
era quien importaba.
Heroico, firme y leal,
ganaste confianza y seguridad.
Armado de fe viva,
en la guerra espiritual de la vida,
destacaste, primero ante todos,
entre tus iguales.

MONSIGNOR/GENERAL DOMINGO NEBRES

For God and country, you went
To serve where you were needed
Most, where none would dare
Proclaim God's awesome mercy,
His unconditional love,
And his forgiveness,
Beyond measure, enduring,
Beyond reach of human ken,
Faithful, without end.
In your priesthood, Christ alone
Was the Boss, and Christ alone
Was all that mattered.
Heroic, steadfast, and loyal,
You gained trust and confidence.
Armed with living faith,
In life's spiritual warfare,
You stood out, first and foremost,
Among your equals.

Rafael Sáenz de Santamaría Pombo

El viaje diario hacia el cielo
es un cuaderno de opciones
pagado con tiempo prestado.
Puedes tomar el jet más rápido,
pero eso no te impedirá
ver las nubes
donde fuerzas invisibles
acampan como ángeles guardianes
sobre mantos plateados.
Un crucero de lujo te lleva
al otro lado del océano, hacia
ciudades legendarias ya perdidas,
pero la alegría no es para siempre,
y el placer humano, medido,
está sujeto a plazos.
Ya sea en autobús o en tren,
en taxi, en coche, en yate,

Rafael Sáenz de Santamaría Pombo

The daily trip to heaven
Is travelogue of choices
Paid in borrowed time.
You may take the fastest jet,
But this will not preclude you
From seeing the clouds
Where invisible forces
Encamp as guardian angels
On silver linings.
Luxury cruise ship sails you
Across the ocean, over
Fabled lost cities,
But mirth is not forever,
And human pleasure, metered,
Subject to time frame.
Whether by bus or by train,
By taxi, by car, by yacht,

a caballo, en canoa o a pie,
hasta incluso en helicóptero,
tienes que hacerlo.

By horseback riding,
Or by canoe or on foot,
By helicopter even,
You have to do it.

ROGER GERNALE

Esos seres invisibles
visitándome en mis sueños
han construido un ático
en el cráneo de mi cerebro
para cubrirme y protegerme
de la melancolía.
Son amigos fieles para mí.
Traen brillo a mi habitación
para asegurarse de que escriba
lo que me cuentan en sueños,
sobre la bondad y la belleza,
nada más que la verdad.
Quieren que recuerde
nuestro viaje al cabo Bolinao
con tu esposa Cora,
cuando atrapaste un pez jorobado
y, sonriendo de oreja a oreja,
comenzaste a hacer fuego.

ROGER GERNALE

Those invisible beings
Visiting me in my dreams
Have built an attic
In the cranium of my brain
To shield and to protect me
From melancholy.
They are faithful friends to me.
They bring radiance to my room
And make sure I write
What they tell me in my dreams,
About goodness and beauty,
Nothing but the truth.
They want me to remember
Our trip to Cape Bolinao
With your wife Cora,
When you caught a humphead wrasse
And, grinning from ear to ear,
Started making fire.

DEAN CALIBUT SANTAMARÍA

Confundido como un patito ciego,
en un pantano controlado por gansos,
perdido entre las ranas,
que croaban su condescendencia,
mientras los gansos te acosaban
para desesperación lamentable:
te revolcaste en la autocompasión
hasta que no pudiste llorar más.
Te echaste un buen vistazo
a ti mismo ante el espejo del pantano.
Pensaste que podías volar,
así que extendiste tus alas y volaste
con gracia regia, y aterrizaste
en un lago y allí
no viste gansos, sino sólo cisnes,
que te acogieron y te tomaron
como a uno de los suyos.

DEAN CALIBUT SANTAMARÍA

onfused like a blind duckling,
On a swamp controlled by geese,
Lost among the frogs
That croaked their condescension,
While the ganders bullied you
To piteous despair:
You wallowed in self-pity
Until you could cry no more.
You took a good look
At yourself before what served
As the mirror of the swamp.
You thought you could fly,
So you spread your wings and flew
With regal grace and landed
On a lake, and there
You saw no geese, only swans
That welcomed and took you in
As their very own.

Romeo Alojado

Antes de que huyeras a las colinas
para vivir con los rebeldes
como su estratega,
debo confesar que no
te tomé muy en serio.
Yo era escéptico.
Tantas veces había sido
victimizado sin piedad
por engaños sórdidos.
Por si necesitaras dormir un poco,
te di una manta
como regalo de cumpleaños.
Me resultaba difícil de creer
que te fueras a las colinas
a morir por la causa.
En tu recuerdo amoroso
tu madre aún conserva
tus recortes de mi poesía.

ROMEO ALOJADO

Before you fled to the hills
To live among the rebels
As their strategist,
I must confess I did not
Take you very seriously.
I was skeptical.
So many times, I have been
Mercilessly victimized
By sleazy hoaxers.
As if you needed some sleep,
So I gave you a blanket,
As a birthday gift.
I found it hard to believe
That you did go to the hills
To die for the cause.
In your loving memory,
Your mom still keeps your clippings
Of my poetry.

NORMAN ABELLO NEGRIDO

Una vez atraviesas los pantanos de los gansos,
cuando el croar de las ranas pierde su voz,
tocas la flauta.

Y en las sombras siniestras que interactúan,
los enjambres belicosos de luciérnagas
apagan la luz.

Una estampida amenaza la vida,
causada por depredadores hambrientos
que aceleran la matanza de las presas que vacilan.

Y los buitres no vendrán
hasta que los muertos empiecen a apestar.

NORMAN ABELLO NEGRIDO

Once you clear the swamps of geese,
The croaking frogs lose their voice,
And you play the flute.

As grim shadows interplay,
Bellicose swarms of fireflies
Extinguish their light.

A life-threatening stampede
Caused by hungry predators
Hastens the slaughter
Of the vacillating preys.

Vultures will not come until
The dead start stinking.

Isabel la Católica

Isabel, la Católica
reina y sierva fiel de Dios,
la experta negociadora,
sola en una noche sin estrellas,
brillante como una luciérnaga
de la Edad Oscura.
Con la Iglesia en dura prueba,
y la fe, tambaleante y asediada,
que se volvía media luna.
En lugar de jugar al ajedrez con Dios,
lo escogiste como escudo
y tu grito de batalla.
Él te dio sabiduría y fuerza
para lograr la victoria
y poner en jaque mate a tus enemigos.
Así la maldición de la Edad Oscura
se desvaneció para dar a luz
a la Edad Moderna.

ISABELLA THE CATHOLIC

Isabella, the Catholic
Queen, loyal servant of God,
Expert deal maker,
Alone on a starless night,
You glittered like a firefly
During the Dark Age.
When the Church was on trial,
And faith, wobbly and besieged,
Was turning crescent.
Rather than play chess with God,
You turned to him as your shield
And your battle cry.
And to achieve victory,
He gave you wisdom and strength
To checkmate your foes,
So the curse of the Dark Age
Would vanish with the birthing
Of the Modern Age.

Isabel Zubiría Bengoa

La memoria puede ser una amiga
cuando las cosas que registra
nos hacen sonreír un poquitín.
Como nuestras fotos de identificación,
tomadas un día oscuro de otoño,
que luego salieron muy claras.
O una noche de invierno
en que visitamos
Nuestra Señora de Begoña
y unos amigos cercanos estaban también allí.
Peinamos las calles de Bilbao
una madrugada de primavera,
y las calles olían a flores.
Después, visitando al oftalmólogo,
nos cayó una granizada
en pleno verano.
Así que molestos, pero más bien sorprendidos, por
encontrarlo tan fuera de lugar
simplemente nos lo sacudimos de encima.

ISABEL ZUBIRÍA BENGOA

Memory can be a friend
When things that it registers
Make us smile a bit.
Like when our ID photos,
Taken one dark day in fall,
Turned out very clear.
Winter night we visited
Our Lady of Begoña.
Some close friends were there.
We combed the streets of Bilbao
One early morning in spring.
Streets smelled of flowers.
During our summer visit
To the ophthalmologist,
Pellets fell from sky.
Annoyed but so much surprised,
Finding them out of season,
We just shook them off.

PAZ ZUBIRÍA BENGOA

La búsqueda de la paz es una locura
cuando la vida es una broma de Hollywood
de comediantes fallidos
que no logran nada en la vida
salvo burlarse de los demás
en lugar de ellos mismos.
¡Ay de los presuntuosos
que sienten pena de los demás
y no de ellos mismos!
Quieren salvar el planeta
pero matan a los no nacidos
para hacer cosméticos.
Si queremos paz real
debemos tratar de preservar la vida
por todos los medios honestos.
Sin paz, la vida es un riesgo;
con paz, vale la pena arriesgarla,
libertad bajo la gracia.

PAZ ZUBIRÍA BENGOA

The quest for peace is folly
When life is Hollywood joke
Of failed comedians
Who achieve nothing in life
But making fun of others
Instead of themselves.
Woe to the presumptuous
Who feel sorry for others
And not for themselves.
They want to save the planet
But slaughter the yet unborn
For their cosmetics.
If we go for real peace
We must try to preserve life
By all honest means.
Without peace, life is a risk;
With peace, life is worth the risk,
Freedom under grace.

Juan Sáenz de Santa María Pombo

Servir a Dios es encontrarlo
entre aquellos más pobres en esperanza,
con la fé disminuida.
Dios camina tras todos los pecadores
como tras las nubes más espesas se esconden
mantos de plata.
Como la corriente, que les da su
dirección a los troncos que flotan,
hasta que encuentran un lugar
fuera de aguas turbias,
y reclaman su permanencia
en la orilla del río.
Encontrar a Dios es volver a
buscarlo, eso nunca
acaba, y el fin no es
nada más que otro comienzo.
Nunca sabemos lo suficiente
de la sabiduría de Dios.

Juan Sáenz de Santa María Pombo

To serve God is to find him
Among those poorer in hope,
Their faith diminished.
God walks behind all sinners
As behind the thick clouds hide
The silver lining.
Like the current that provides
Direction to the driftwood
Till it finds its way
Out of silted waterway
And reclaims its permanence
On the riverbank.
To find God is to again
Search for him, this never
Stops, the end being
But another beginning.
We can't know enough of God's
Limitless wisdom.

EUGENE DEROSSA

Una oruga recién nacida
es joven como un pollo de primavera,
alquimia de la juventud.
Para aquellos que se apuntan al verano
con la velocidad de un leopardo,
el arrepentimiento viene después.
Cuando las hojas empiezan a cambiar de color
y las frutas comienzan a madurar,
y el otoño se atrinchera.
El brillo helado del invierno
que nos hace temblar tanto
purifica los deseos
de lo que traiga el mañana
y anula los arrepentimientos de ayer.
La vida es un paisaje de opciones;
y se espera que elijamos
lo que es mejor para nosotros.

EUGENE DEROSSA

A newborn caterpillar
Is as young as spring chicken,
Alchemy of youth.
For those who welcome summer
With the speed of a leopard,
Regrets come later.
As leaves start changing colors
And fruits begin to ripen,
Autumn is entrenched.
The icy glow of winter,
Which sends so much shivering,
Purifies desires
For what tomorrow may bring
And nullifies all regrets
Over yesterday.
Life is landscape of choices;
We are expected to pick
What is best for us.

KATHLEEN CHRISTINA ESPOSITO

l amor reconfortante que da una madre
alivia el dolor de crecer.
Palabras de cariño,
cuando las da la madre,
con tierna y amorosa preocupación,
hacen nido en el corazón.
Si bien cada niño es único,
en lo que toca al amor,
las madres son iguales.
Su amor maternal las une
con vínculo inquebrantable
a su hijo tan querido.
Esta ley sin tiempo de la naturaleza
garantiza la supervivencia
de los frágiles seres humanos.
Un niño al que se le enseña a amar
los santos preceptos de Dios
camina en sus caminos,
seguro en su amor.

KATHLEEN CHRISTINA ESPOSITO

A mother's comforting love
Soothes the pain of growing up.
Words of endearment,
When given by the mother,
With tender, loving concern,
Nestle in the heart.
While every child is unique,
As far as love is concerned,
Mothers are the same.
Their maternal love binds them
With an unbreakable bond
To their dearest child.
This timeless law of nature
Guarantees the survival
Of fragile human beings.
A child who is taught to love
The holy precepts of God
Walks in the ways of the Lord,
Secure in his love.

RODRIGO SEGUIDO GARCÍA

La vida épica del Cid
es el triunfo de la voluntad
sobre el miedo y la náusea,
una búsqueda de la victoria
espoleada por la determinación
y el coraje deslumbrante.
Nuestra propia vida es lucha,
una pelea por la supervivencia.
Debemos luchar para ganar.
Y diseñamos una estrategia
para acelerar nuestra fuerza.
Nos volvemos al Señor,
porque sabemos que sin Él,
sin estar de su lado,
la nuestra es una causa perdida.

Rodrigo Seguido García

The epic life of El Cid
Is the triumph of the will
Over nauseous fear,
A pursuit of victory
Spurred by determination
And stunning courage.
Our own life is a struggle,
And a fight for survival.
We must fight to win.
We devise a strategy
To accelerate our strength.
We turn to the Lord,
For we know that without him,
Without being on his side,
Ours is a lost cause.

JOSÉ ANTONIO GARCÍA DÍEZ

Al trabajar celebramos
las obras de nuestro Dios,
la creación del Señor.
A través de su imagen y semejanza
el Señor nos ha creado.
Tendemos a ver a Dios
cuando lo vemos en otros.
Como nos amamos los unos a los otros
es como amamos a Dios.
No es facil amar
a un ser que no podemos ver.
Para poder amar a Dios
debemos amarnos los unos a los otros,
así somos capaces de amar a Dios
a quien no podemos ver.
La propia providencia amorosa de Dios
funciona en todas las criaturas vivientes,
con un cuidado incesante.

JOSÉ ANTONIO GARCÍA DÍEZ

By working, we celebrate
The handiworks of our God,
The Lord's creation.
Through his image and likeness
The Lord has created us.
We tend to see God
When we see him in others.
How we love one another
Is how we love God.
It is not easy to love
A being we cannot see.
So we can love God,
We must love one another,
To be able to love God
Who we cannot see.
God's own loving providence
Works in all living creatures,
With unceasing care.

ALMUDENA VILALLONGA ELORZA

Habiendo vivido entre patos y gansos,
me topé con los cisnes,
silenciosos y reservados,
deslizándose en el lago; su semblante
regio, tan majestuoso;
su cuello tan perfecto.
Lo que más me gusta de los cisnes
es esa habilidad suya para no entrometerse,
para ocuparse sólo de sus asuntos.
Los patos, que renquean más allá de sus arroyos,
graznan ante cualquier bagatela,
como ornitorrincos obesos.
Los gansos, bien conocidos por entrometidos,
montan tremendas bullas
cuando son provocados.
Los cisnes en cambio son más circunspectos.
Su silencio exige respeto,
cuando pasan a nuestro lado.

ALMUDENA VILALLONGA ELORZA

Having lived with ducks and geese,
I've stumbled upon the swans,
Silent and reserved,
Gliding on the lake; their mien
So regal, so majestic;
Their neck, so perfect.
What I love most in the swans
Is their genius in minding
Just their own business.
Ducks waddling beyond their beck,
Quack so much at trifles.
Like obese platypuses,
Geese, proven busybodies,
Make such a lot of issues
When they are provoked.
Swans are more circumspect.
Their silence commands respect,
As they pass us by.

MARIA ORAA MORTE

A su debido tiempo, según su designio,
Dios suscita hombres y mujeres
para trabajar a favor
de su reino, en pro de la justicia,
la verdad y el amor, para que su nombre
pueda ser glorificado.
Dios te ha llamado, expeditivo
para servir en un grupo de oración
que invoca su nombre.
Junto a tu familia te unes,
con las demás familias,
cada semana en la iglesia,
y hacéis vuestra adoración
del Santísimo Sacramento
eje central de vuestra fe.
Al orar por todo el mundo,
os unéis a los ángeles
como pueblo de Dios.

MARIA ORAA MORTE

At his own appointed time,
God raises men and women
To work in favor
Of his kingdom, for justice
And truth and love, so his name
May be glorified,
God has expediently called you
To serve in a prayer group
That invokes his name.
With your family, you bond
With the other families,
Weekly in the church,
And make your adoration
Of the Blessed Sacrament,
Central to your faith.
By praying for the whole world,
You unite with the angels
As people of God.

LESTER AVESTRUZ SALCEDON

Hubo un tiempo en que nuestra galaxia oculta
era un cuento de hadas demasiado bueno
para creerlo, un sueño
que comenzó en esas escaleras sólidas,
talladas en piedra, formidables,
en que cada paso traía un sonido,
malhumorado, inhóspito,
que intimidaba a aquellos
que se atrevieron a entrar.
Perdidos en la oscilación
de nuestro péndulo ancestral,
fuimos acogidos.
Exploramos la penumbra enclaustrada,
y el silencio penetrante
de los antiguos muros donde la hierba
ahora cede a los cultivos perennes,
sin dejar ningún vestigio.

LESTER SALCEDON AVESTRUZ

Once, our hidden galaxette
Was a fairy tale too good
To be true, a dream
That started from solid stairs,
Carved from formidable stones,
Each step making sound,
Cranky, inhospitable,
Intimidating to those
Who ventured inside.
Lost in the oscillation
Of our ancestral clockwork,
We were taken in.
We explored the cloistered gloom,
And the pervasive silence
Behind antique walls
Where darnels quickly give way
To perennial replacements,
Leaving no vestige.

ELSA REGALA

La historia de los Dos Corazones
es una saga de maravillas,
pirotecnias del amor de Dios
a sus devotos hijos
que luchan contra las fuerzas invisibles
del maligno.
Pueden estar gravemente heridos,
pero su coraje nunca disminuye,
fortificado por la fe.
Tantas veces se sienten traicionados
por líderes que venden su alma
al mejor postor.
Y peor, abusando de su poder,
vilipendian su piedad
para que el mundo se burle.
Sin embargo, continúan unidos
en su intensa devoción
rendida a Dos Corazones.

ELSA REGALA

The story of the Two Hearts
Is a saga of wonders,
Fireworks of God's love
To his devoted children
Battling the unseen forces
Of the Evil One.
They may be badly wounded,
But their courage never wanes,
Fortified by faith.
Many times they feel betrayed
By leaders who sell their soul
To highest bidder.
And worse, using their power,
Vilify their piety
For the world to mock.
Yet they go on, united
In their intense devotion
Rendered to Two Hearts.

Naty Templo Redublo

Bangkok era tu refugio habitual,
y solías ir allí
para disfrutar de la comida,
mezclada de flores exóticas,
tan exquisita al gusto,
tan delicada, tan genial.
Yo editaba *Coed*,
la revista para jóvenes adultos,
tú eras la dueña.
Cuando terminaba mi trabajo,
antes de que declarásemos la jornada terminada,
me contabas historias
sobre tus viajes a Bangkok,
condimentadas de anécdotas edificantes,
yo era todo oídos.
Los dos trabajamos tan duramente
para ampliar la circulación
de nuestra revista.

NATY TEMPLO REDUBLO

Bangkok was your usual haunt,
And you used to go there
To enjoy their food,
Mixed with exotic flowers,
So exquisite to the taste,
So dainty, so cool.
I was editing *Coed*,
Magazine for young adults,
You were the owner.
After I finished my work,
Before we called it a day,
You told me stories
About your trips to Bangkok,
Spiced with wholesome anecdotes,
And I was all ears.
The two of us worked so hard
To expand the circulation
Of our magazine.

JAVIER RIRECHI FERNÁNDEZ

La luz es el pasadizo al nacimiento,
la chispa de toda la creación,
la mecha del devenir.
Donde hay luz, hay vida
hasta en el rincón más remoto
del universo,
y la tierra, alcanzada por la luz
se hace ausencia de penumbra,
de oscuridad que se filtra
para reducir a la nada
cualquier atisbo de felicidad
que albergue el corazón.
Busca la luz para que puedas encontrar
la alegría de vivir como hijo de Dios,
tan verdadera y sin medida.
Encuentra esa luz cuya única fuente
es Dios, el dador de la vida,
luz de todas las luces.

JAVIER RIRECHI FERNÁNDEZ

Light is the passage of birth,
The spark of all creation,
Fuse of becoming.
Where there is light, there is life
To the remotest corner
Of the universe
And the Earth, reached by the light
In the absence of gloom, where
Darkness percolates
To reduce to nothingness
Whatever happiness is
Harbored in the heart.
Seek the light that you may find
Joy to live as child of God,
True beyond measure.
Find that light whose only source
Is God, the giver of life,
The light of all lights.

PATRICK SKARIA CHACKO

Cuando eres un pionero,
prepárate para caminar solo,
como un exiliado.
Hoy no hay tanto brillo como
en el saludo al sol
de Kalidasa.
Puede que tengas la desgracia
de pisar víboras y serpientes,
siseando sus venenos.
Y camines de puntillas como un koala,
expulsado de tu hábitat
de eucaliptos.
Las hienas pueden ridiculizarte,
las burras pueden intimidarte,
los buitres puede que no duerman.
Sin rima, sin razón,
pertenecerás a esta lista:
mano de obra desperdiciada.

PATRICK CHACKO SKARIA

When you are the pioneer,
Be prepared to walk alone,
You are an exile.
Today is not as bright as
The salutation to dawn
Of Kalidasa.
You may have the misfortune
To tread on vipers and snakes
Hissing their venoms.
You tiptoe like a koala bear
Thrown out of your habitat
Of eucalyptus.
Hyenas may deride you,
Jackasses may bully you,
Vultures may not sleep.
Without rhyme, without reason,
You will belong to this list:
Wasted manpower.

TORU KANNARI

Un río que fluye suavemente,
paz que flota sobre aguas tranquilas:
escuchas el nirvana.
Un bonsai del árbol Bodhi,
joya del jardín japonés:
ves el nirvana.
Incienso celestial volando,
en lo más limpio del aire:
hueles el nirvana.
Maná que arrojan los arcángeles,
irresistible, divino:
pruebas el nirvana.
Soplidos suaves y tiernos,
escalofríos de seda en la piel:
tocas el nirvana.
Cuando él toca el violín,
o cuando toca la guitarra:
tú estás en el nirvana.

TORU KANNARI

A river gently flowing,
Peace floating on still waters:
You hear nirvana.
A bonsai of Bodhi Tree,
Gem of Japanese garden:
You see nirvana.
Celestial incense wafting,
On the cleanest of the air:
You smell nirvana.
Manna dropped by archangels,
Irresistible, divine:
You taste nirvana.
Softly, tenderly blowing,
Silken shivers on the skin:
You touch nirvana.
When he plays the violin,
Or when he strums the guitar:
You are in nirvana.

EDUARDO AYESA PASCUAL

El viaje a la gloriosa
ciudad de Dios, lugar supremo
del amor y la alegría,
comienza en el mismo momento en que nacemos.
Cuando aún bebés desnudos,
lloramos a gritos nuestra codicia,
apretando nuestras manos
y tratando de agarrar todo
aquello a nuestro alcance.
Ese es el presagio
de lo que pronto puede suceder
en nuestro camino hacia allí.
A medida que crecemos, así aprendemos
a poner vallados y a sobrevivir
las distintas estaciones de la vida,
completamente vestidos y ya más astutos,
así mordemos más de lo que podemos masticar,
más y más codiciosos cada día.

EDUARDO AYESA PASCUAL

The journey to the glorious
City of God, ultimate
Place of love and joy,
Starts the moment we are born,
When naked as an infant,
We cry out our greed,
Clutching both our hands,
Trying to grab everything
From within our reach.
This is the foreshadowing
Of what may soon come to pass
On our way up there.
As we grow up, so we learn,
How to hurdle and survive
Life's diverse seasons,
Fully clothed and more cunning,
We bite more than we can chew,
Greedier by the day.

PALOMA MORTE ESTEBAN

Ángeles guardianes enviados por Dios
nos cuidan sin cesar
y devotamente.
Como hábiles farmacéuticos,
mezclan sus cariñosos cuidados
en calderos de amor
por la gloria del Señor,
y revuelven con diligencia,
y un cuidado exquisito.
Más rápido de lo que el ojo puede guiñar,
a la velocidad de una oración,
se quedan a nuestro lado,
invisibles y dispuestos,
por si tropezamos en el camino,
para evitar que nos dañemos.
Invisibles y no anunciados,
obedientes al Señor,
para glorificar a Dios.

PALOMA MORTE ESTEBAN

Guardian angels sent by God
Watch over us ceaselessly
And devotedly.
Like a skillful pharmacist,
They stir their loving concern
In cauldron of love
For the glory of the Lord,
Mixing it with watchfulness,
And genuine care.
Quicker than the eye can wink,
At the speed of a prayer,
They stay beside us,
Invisible but ready,
Lest we stumble on the way,
To keep us from harm,
Unseen and unheralded,
In obedience to the Lord,
To glorify God.

JORGE GARTEIZ-GOGEASCOA CASTELLANOS

El paso de un meteorito
no dura hasta la mañana,
una vez toca la tierra,
como los sueños, pirotecnias de la mente,
brillantes de lo irreal,
intenta en vano tomar forma,
pero se disuelve en fragmentos
de evanescencia.
Frágil, impredecible,
esta vida es efímera.
Somos como meteoritos.
Viajeros en el espacio, quedamos atrapados
cuando caemos a la tierra.

Jorge Garteiz-Gogeascoa Castellanos

The lifespan of a meteor
Does not extend through morning,
Once it touches ground,
Like dreams, fireworks of the mind,
Glaring with the unreal,
Trying in vain to take shape,
Dissolving into fragments
Of evanescence.
Fragile, unpredictable,
This life is ephemeral.
We are not unlike meteors.
Space travelers, we get trapped
When we kiss the earth.

JAVIER RUBIO DE LA FUENTE

Dos ángeles con espadas de fuego
guardan la puerta del paraíso,
los puso Dios mismo,
para impedir la entrada del mal,
aliado vil y pérfido
de la brutal serpiente,
cuya cabeza la Santísima Virgen,
con la luna bajo sus pies, un día aplastará
según fue profetizado.
No centinela sino conserje,
con tu cara acogedora
tranquilizas
a los que vienen por la razón correcta
y están allí es su sitio correcto;
así que los ayudas,
porque tu trabajo es hacerlos sentirse a gusto;
y también para mantener el lugar a salvo.

JAVIER RUBIO DE LA FUENTE

Two angels with flaming sword
Guard the gate of paradise,
Placed by God himself
To bar entry of evil,
Vile and perfidious ally
Of the crude serpent,
Whose head the Blessed Virgin,
With the moon under her feet,
Is foretold to crush.
Not sentinel but concierge,
You wear a welcoming face
To put those at ease
Who come for the right purpose,
And are there at the right place;
So you assist them,
For your job is to make them
Feel comfortable; also,
To keep the place safe.

GABRIEL FERNÁNDEZ LÓPEZ

La primavera ya está llegando.
León, magnífica y radiante,
una corona de joyas,
purificada tras la nieve,
ahora es más fuerte y audaz,
fecunda su hoja perenne.
Cada calle que cruzamos está limpia,
segura como tu taxi nuevo,
chic y elegante,
legado de la Edad de Oro,
cuando del reino de León
nació la España moderna.
Al final de este paseo alegre
en el taxi que tú tienes,
creo que puedo ver
al amable Arcángel Gabriel,
sentado en el asiento del conductor,
conduciendo por León.

GABRIEL FERNÁNDEZ LÓPEZ

pring is coming soon. León,
Magnificent and radiant,
Is bejeweled crown,
Purified after the snow,
Getting stronger and bolder,
Bristling evergreen.
Each street we pass by is clean,
Safe like your brand-new taxi,
Chic and elegant,
Legacy of Golden Age
When the kingdom of León
Birthed modern Spain.
At the end of the brief ride
In the taxi that you own,
I think I can see
Kindly Archangel Gabriel,
Seated in the driver's seat,
Driving for León.

José María Alonso Alonso de Linaje

La soledad invita al alma
a ver la Ciudad de Dios
más allá del tiempo y el espacio,
fundada en justicia y en amor,
fuera de alcance, invisible
a simple vista,
y sin embargo su magnificencia,
con la soledad como guía,
deleita nuestra visión.

La soledad es el portal
de paz y alegría que sólo conocen
los que buscan
su compañía. Es
tan constante como las
cuatro estaciones,
que se suceden en el ciclo del sol.
La soledad nos ayuda a prepararnos
para el gran Más Allá.

JOSÉ MARÍA ALONSO ALONSO DE LINAJE

Solitude invites the soul
To see beyond time and space
The City of God,
Founded in justice and love,
Out of reach, invisible
To the naked eye,
Yet in its magnificence,
With solitude as our guide,
Delights our vision.

Solitude is the portal
Of peace and joy known only
To those who seek it
As a companion. It is
As constant as the coming
Of the four seasons
In the cycle of the sun.
Solitude helps us prepare
For the Great Beyond.

ANA MARÍA ROMO DE MIGUEL

Nuestra capacidad de aprender
depende de lo que nuestra propia mente
pueda contener por entero.
Tan vasta como el universo,
nuestra capacidad de aprender
no tiene límite.
Como la cúpula azul del cielo
que flota sobre nuestra cabeza,
antigua como las estrellas,
nuestra curiosidad debe ser
llenada hasta el borde. Y para eso
recurrimos al conocimiento.
Como mentora, fuiste más allá
en esa escuela para mayores que dirigiste.
Demostraste el amor de Dios
y les mostraste su omnisciencia,
por el modo en que enseñaste.

ANA MARÍA ROMO DE MIGUEL

Our capacity to learn
Depends on what our own mind
Can fully contain.
As vast as the universe,
Our capacity to know
Is unlimited.
Like the blue dome of the sky,
Hovering over our heads,
Ancient as the stars,
Our curiosity must be
Filled to the brim. To do that,
We turn to knowledge.
As mentor, you went further
In that school you directed
For the elderly,
You demonstrated God's love,
And showed them his omniscience,
By the way you taught.

PEDRO ALABE

Luchamos sin abatirnos
contra habitantes supranormales,
criaturas de la oscuridad,
fuerzas invisibles que llegaron de noche
enviadas por los mirlos,
para aterrorizarnos.
Brujas, duendes, gnomos y elfos,
fantasmas extraños que se negaban a irse,
querían allanar la casa.
En mitad de la confusión,
nos volvimos hacia Dios todopoderoso
invocando su nombre.
Como un muro invencible,
unidos por una fe común,
luchamos contra ellos con amor.
La oscuridad se desvaneció cuando el sol
resplandeciente brilló en el cielo
como respuesta a la oración.

PEDRO ALABE

We unabatedly fought
Supranormal denizens,
Creatures of darkness.
Unseen forces came at night,
Enabled by the blackbirds,
To terrify us.
Witches, goblins, gnomes, and elves,
Strange ghosts that refused to leave
Wanted to break in.
In the midst of confusion,
We turned to the mighty God,
Invoking his name.
Like an impregnable wall,
Bonded by one common faith,
We fought them with love.
Darkness faded as the sun
Shone resplendent in the sky,
Like answered prayer.

BEATRIZ GONZÁLEZ TORRE

El genio constructor de Dios
hace destacar en toda su creación,
la perfección divina.
Al comienzo de la primavera,
con tulipanes en flor, los pájaros cantan
las alegrías y bendiciones de la vida.
El verano llena las playas
con la risa de los niños
y de sus padres.
Las hojas cambian de color en otoño,
mientras el tiempo de la cosecha nos trae placer
y estabilidad.
Los carámbanos de invierno,
con los alegres acebos,
calientan el corazón humano.
Como artista tú traduces
las maravillas de la sabiduría de Dios.
en tu obra de arte.

BEATRIZ TORRE GONZÁLEZ

God's engineering genius
Highlights all his creation,
Divine perfection.
At the onset of springtime,
Tulips are in bloom, birds sing
Life's joys and blessings.
Summertime fills the beaches
With the laughter of children
And of their parents.
Leaves change color in autumn,
While harvest time brings pleasure
And stability.
The icicles of winter,
With the jolly holly trees,
Warm the human heart.
As an artist, you translate
The marvels of God's wisdom
In your work of art.

MARÍA DEL MAR HERNÁNDEZ HIDALGO

La paz y la armonía protegen
pastoral Villalazán,
donde aún puedes encontrar
deliciosas galletas caseras,
magníficamente horneadas, siguiendo
recetas antiguas.
Sus calles estrechas, testigas
de inundaciones del río Duero
desde tiempo ancestral,
están absortas en discreto silencio.
Y las sagas se desvelan en las ventanas
de casas antiguas,
como el mantel que nos diste,
un regalo para mi madre,
querido incluso más allá de la muerte.
Villalazán resistirá
la tristeza de la distancia,
con su amistad verdadera y pura.

María del Mar Hernández Hidalgo

eace and harmony protect
Pastoral Villalazán,
Where you can still find
Delicious homemade cookies,
Superbly baked, following
Ancient recipes.
Its narrow streets, witnesses
Of Duero River's flooding
Since the olden days,
Absorb in discreet silence
Sagas unveiled from windows
Of antique houses.
Like the tablecloth you gave,
As a gift to my mother,
Held dear beyond death,
Villalazán will withstand
Sadness caused by distances,
Friendship true and pure.

ÁNGELES SAIS PIQUERAS

A veces, cuando nos aventuramos
a dejar el espacio habitual
de nuestra monótona vida,
podemos encontrarnos carreteras extrañas,
calles oscuras y desconocidas.
Tratamos de cambiar de marcha
cuando el camino conduce a ninguna parte
y nuestra mente se adentra en sendas
de indecision.
Entonces recuperamos nuestros sentidos
después de rezar al Dios
de todas nuestras gracias.
Pedimos sabiduría y gracia
para permanecer firmes y fuertes
y seguir en su camino.
Así llegamos a donde debíamos:
a disfrutar del amor del Señor
y de su protección.

ÁNGELES SAIS PIQUERAS

ometimes when we venture out
Of the usual dimension
Of our humdrum life,
We may pass by strange highways
And dark, unfamiliar lanes.
We try to change gears
When the road leads to nowhere
And our mind swerves to pathways
Of indecisions.
We recover our senses
After praying to the God
Of all our graces.
We pray for wisdom and grace
To remain steadfast and strong
And follow his way
That leads us to where we should
Be basking in the Lord's love
And his protection.

CARMEN RODRÍGUEZ DREYFUS

En nuestro viaje a Masada,
junto al cadáver de un camello
está ardiendo un autobús turístico.
La escena nos quita la respiración,
pero seguimos conduciendo
para llegar a Masada.
En el polvoriento calor del desierto,
sobre la árida meseta
se levanta Masada,
sitiada por un sol inclemente,
objeto de curiosidad,
aún mantiene sus oscuros secretos.
Los espíritus de los que perecieron,
en el sitío que terminó por forzar
un suicidio masivo,
parecen fijar su mirada hacia abajo
sobre el brillante, seductor Mar Muerto,
ahora un enjambre de turistas.

CARMEN RODRÍGUEZ DREYFUS

On our way to Masada,
Beside a camel's carcass
Burns a tourist bus.
The scene takes our breath away
But we continue driving up
To reach Masada.
In the dusty desert heat,
Atop the arid mesa
Rises Masada,
Besieged by the scorching sun,
Subject of curiosity,
Keeping dark secrets.
Spirits of those who perished,
In a siege that ended up
In forced mass suicide,
Seem to fix their sight below
Gleaming, alluring Dead Sea,
Swarming with tourists.

PENNY RAMOS RODRÍGUEZ

Japón, la tierra del sol naciente,
evoca recuerdos placenteros
de las flores del cerezo
en un jardín bien cuidado
de crisantemos
y hierba en perfecta manicura.
Recuerdo el chalet
en tu poco prometedora granja
de dulces cañas de azúcar.
Niños de la parentela siempre bienvenidos
a comer galletas y tomar el té
con su amorosa tía.
Les das queso y miel,
y tu amabilidad les atropella
y calienta su joven corazón.
Sin usar palabras, sonriendo,
les muestras que Dios es amor:
el mejor proveedor.

Penny Ramos Rodríguez

Japan, land of rising sun,
Evokes pleasant memories
Of cherry blossoms
Grown in well-tended garden
Of chrysanthemums
And manicured grass.
I remember the chalet
On your inauspicious farm
Of sweet sugar canes.
Kid relatives are welcome
To eat cookies and sip tea
With their loving aunt.
You give them cheese and honey,
And your kindness overflows
To warm their young heart.
Wordlessly and smilingly,
You show them that God is love:
The best provider.

JOSÉ CONCEPCIÓN CELO

Mientras fuiste alcalde de Calinog
durante veintiún años fructíferos,
tu ciudad fue aclamada
la más limpia de las Filipinas,
y también del sudeste asiático:
victoria de la gente.
Eras un verdadero padre
que adoptaste su cruzada
como la tuya propia.
El poder tiene superlativos
cuando se ejerce con prudencia
por el bien común.
Como el mejor champan en una cena,
el poder achispa nuestra determinación
de hacer algo más.
Cuando se ejercita con prudencia,
el poder reduce los excesos
y restaura la confianza.

JOSÉ CONCEPCIÓN CELO

While mayor of Calinog
For twenty-one fruitful years,
Your town was acclaimed
Cleanest in the Philippines,
Also in Southeast Asia:
People's victory.
You were a real father,
Who adopted their crusade
As your very own.
Power has superlatives
When exercised with prudence
For the common good.
Like choicest dinner champagne,
Power sparks our decision
To do something more.
When exercised with prudence,
Power curtails excesses,
Restores confidence.

MARJA KATRINA CENTINA CELO

Cuando miras al espejo,
la abuela te devuelve su mirada,
tu viva imagen,
modesta, recatada, bien equilibrada,
un epítome de fuerza,
una abeja laboriosa
polinizando flores
para hacer miel de meses magros.
Un proceso de paciencia,
tolerancia y supervivencia,
una telenovela de fuerza,
ópera del mismo amor.
Ante el espejo ves,
a la abuela sonriéndote,
tu viva imagen:
una obra maestra de coraje,
en delicada acuarela,
un retrato del valor.

MARJA KATRINA CENTINA CELO

When you look in the mirror,
Your grandma stares back at you,
Your spitting image.
Modest, demure, well-poised,
An epitome of strength,
A hard-working bee,
Pollinating the flowers
To make honey for lean months,
Process of patience,
Tolerance and survival,
Telenovela of strength,
Opera of love.
Before the mirror you see
Grandma smiling back at you,
Your spitting image:
A masterpiece of courage,
In dainty watercolor,
Portrait of valor.

MARI CARMEN ENGUIX ORTS

Recuperarte del coma,
despertada por la música
que te grabó tu esposo,
fue una extensión del contrato
de arrendamiento de tu vida,
una confirmación de la divina gracia
y del amor de Dios.
Porque posees un corazón
capaz de dar amor
más allá del dolor o la duda,
el amor resulta ser un regalo,
un milagro del cielo
más allá del conocimiento humano.
La vida trasciende toda expectativa,
más allá de la creencia y de las distancias,
preciosa y sin precio,
conocida solo por los supervivientes
de todas las vicisitudes
que enfrentamos en la vida.

MARI CARMEN ENGUIX ORTS

To recover from coma,
Awakened by your husband's
Recorded music,
Was a new lease on your life,
A confirmation of God's
Divine grace and love.
Because you possess a heart
Capable of giving love
Beyond pain or doubt,
Love turns out to be a gift,
A miracle from heaven,
Beyond human ken.
Life transcends expectations,
Beyond belief and distances,
Precious and priceless,
Known only to survivors
Of all the vicissitudes
Encountered in life.

ESTRELLA MÁRQUEZ

En cada recoveco de esta tierra,
al que yo resulte ir,
te recuerdo,
compañera de juegos de mi infancia,
mi hermana extra, Kakak,
mascota de nuestro clan.
Me ayudaste a hablar con flores
y con las libélulas que se atascaban
en nuestros barcos de papel,
navegados por muñecas de papel.
Y las arañas alojadas en nuestras cajas de fósforos,
preparadas para luchar.
Muda, autista, inocente,
sigues siendo parte integral
de mi infancia.
No estuve allí cuando moriste
pero como a la cocina de mi madre,
no, jamás te olvido.

ESTRELLA MÁRQUEZ

Every crevice of this earth,
Where I may happen to go,
I remember you,
Playmate since my infancy,
My extra sibling, Kakak,
Mascot of our clan.
You helped me talk with flowers
And dragonflies that got stuck
On our paper boats
Occupied by paper dolls
And spiders housed in matches,
Groomed to be fighters.
Mute, autistic, innocent
You remain part and parcel
Of my infancy.
I was not there when you died,
But, like my mother's cooking,
You're not forgotten.

Rosalia Señeres

Yo era un hijo de dolores,
así que me compraste por un céntimo.
Eras mi *Nanay*,
mi segunda madre; desde entonces,
mis días de infancia fueron divertidos,
adiós a la enfermedad.
Totalmente desconocido para nosotros,
un superviviente,
hijo de colaboracionistas de guerra,
masacrados por los soldados,
le echó la culpa a mi propio padre,
que era inocente.
El hombre usó sus recursos
y ensayó distintas estrategias
para arruinar a nuestro clan.
El abuelo lo perdió todo,

ROSALIA SEÑERES

I was a son of ailments
So you bought me for a dime.
You were my *Nanay*,
My second mother; since then,
My boyhood days had been fun,
Goodbye to illness.
Totally unknown to us,
A surviving son of war
Collaborators
Massacred by the soldiers
Blamed it on my own father
Who was innocent.
The man used his resources
And tried various strategies
To ruin our clan.
Grandfather lost everything,

sus trabajadores se volvieron contra él.
Murió un hombre pobre.
Llegaste en el momento justo
para avisarnos.
Salimos ilesos.

His workers turned against him,
He died a poor man.
You came at the perfect time
To provide information,
We emerged unscathed.

JOSÉ LUCASÁN

En el pueblo de La Castellana,
los Adventistas
del Séptimo Día
celebran su servicio de cada Sábado
y cenan tipo buffet con comida saludable,
como parte del ágape.
En tu viaje a Manila
para ver a tu hija Leni,
me visitaste.
Me trajiste a Baesa
y me enseñaste
la biblioteca de su escuela.
En el rincón más venerado
estaban expuestas las obras completas
de San Agustín.
Junto con las de Helen G. White:
sus obras eran leídas
ansiosamente en esa biblioteca.

JOSÉ LUCASÁN

In La Castellana town,
The Seventh-day Adventist
Denomination
Hold their Saturday service
And dine on potluck health food,
Part of agape.
On your trip to Manila
To see your daughter Leni,
You visited me.
You brought me to Baesa
And showed me around
Her school's library.
In a most revered corner
Were displayed the complete works
Of Saint Augustine.
Along with Helen G. White's:
His works were eagerly read
In that library.

TERESITA MACALALAG FERNÁNDEZ

Los pobres estaban siempre con nosotros.
Los traías a la capilla
cada Sábado.
Por la mañana oían la Misa
y luego les dábamos el desayuno,
ropas y medicinas.
A padres e hijos por igual
se les daba el catecismo
y lecciones de canto.
A los niños cuadernos,
lápices y libros para colorear,
y también ceras de colores.
Todos recibían dinero para el transporte
que podían usar para ir a su casa
y para volver.
Algunas mujeres adultas se quedaban
para limpiar y cultivar
el jardín de la capilla.

TERESITA MACALALAG FERNÁNDEZ

The poor were always with us.
You brought them to the chapel
Every Saturday.
In the morning, they heard Mass
And then we gave them breakfast,
Clothes and medicines.
Parents and their kids alike
Were given catechism
And singing lessons.
Children were handed notebooks,
Pencils and coloring books,
And also crayons.
All were given fare money
They could use in going home
And in coming back.
Some adult women would stay
To clean up and cultivate
The chapel's garden.

FELY KINTANAR

Diseñar el paisaje de los tres distintos
jardines de flores
de la capilla de la escuela
es como convertirlos
en micro parques en miniatura,
fuera del alcance de los pavos reales,
de aves de andar altivo,
de cisnes que se deslizan por el lago,
de gansos ruidosos y polémicos
y de patos migratorios.
Reservas un espacio del jardín,
para las aves del paraíso
setos de tu elección,
lirios, claveles, hisopos
y helechos frondosos que acentúan
los bonsais en sus macetas.
Trozos de madera, aquí y allá,
sostienen las orquídeas de la selva,
que cantan alabanzas a Dios.

FELY KINTANAR

Landscaping the school chapel's
Three diverse flower gardens
Is like turning them
Into midget mini-parks,
Out of the reach of peacocks,
Fowls of haughty gait,
Of swans gliding on the lake,
Of noisy, contentious geese
And migrating ducks.
You allot garden soil
For the birds of paradise,
Hedges of your choice,
Lilies, carnations, hyssops,
Leafy ferns to accent with
Bonzai flower pot.
Driftwoods at the right places,
Pegged with rainforest orchids,
Sing praises to God.

MA. PAZ SANTOS

En mitad de la turbulencia,
eres un manto de plata
detrás de las nubes oscuras.
Eres parte del presente
donde el pasado se ha vuelto
mera nostalgia.
El futuro es incierto,
pero recordarte da al mañana
algo de sentido.
Hoy siento tu presencia
y puedo oler el perfume que llevas,
apacible y tenue,
como el ramo de flores
que ofreciste a la Virgen
en los viejos tiempos.
En las grietas y recovecos de la vida,
das alegría y seguridad
a los que te encuentran.

MA. PAZ SANTOS

In the midst of turbulence
You are the silver lining
Behind the dark clouds.
You are part of the present,
Where the past has exited
To mere nostalgia.
The future is uncertain.
But remembering you gives
Tomorrow some sense.
Today I feel your presence
And smell the perfume you wear,
Gentle and subdued,
Like a bouquet of flowers
You offered to the Virgin
In the days of old,
In the crevices of life,
You give joy and assurance
To those who find you.

AGUSTÍN FUERTES

Como aspirantes a religioso,
encontrar un buen confesor
no era tan fácil.
La primera vez que pusiste el pie
en el confesionario
mi problema quedó resuelto.
Mientras vertía todos mis pecados,
escuchabas con interés
y con empatía.
Entendías los corazones humanos
porque estabas tan en paz
con tus compañeros pecadores.
Fuiste un guía valiente
de mortales que diariamente inician
su viaje al cielo.
Sabiendo que eras uno de ellos,
intentaste todo lo que pudiste
que todos llegasen allí.

AGUSTÍN FUERTES

As religious aspirants,
To find a good confessor
Was not that easy.
The first time you stepped
In the confessional box
My problem was solved.
As I poured out all my sins,
You listened with interest
And with empathy.
You understood human hearts
Because you were so at peace
With fellow sinners.
You were a resolute guide
To mortals who daily took
A trip to heaven.
Knowing you were one of them,
You tried as much as you could
That all got there.

SANTIAGO EZCURRA

Cuando tú eras el director
del coro universitario,
fue una orquesta.
A un golpe de tu bastón,
la armonía de las voces
cautivaba a la audiencia
e hipnotizaba a todos,
que aplaudíamos por otra
después de cada canción.
Para artistas y público
eras un artista sin lugar a dudas,
así que sonreían, divertidos,
ante tu temperamento colérico,
sístole y diástole,
en tu arte sublime.

SANTIAGO EZCURRA

When you were the conductor
Of the University choir,
It was orchestra.
At the flip of your baton,
The harmony of voices
Enthralled the audience
And mesmerized everyone,
Who applauded for encore
After every song.
For performers and audience
You were artist beyond doubt,
So they smiled, amused,
At your choleric temper,
Systole, diastole
Of your art sublime.

HORACIO R. RODRÍGUEZ

Han pasado tantas cosas,
aún pasarán muchas más,
desde que dejé Dasma.
Habiendo absorbido el austero
estilo de vida de los monjes tibetanos,
me sentí mortificado.
Pobres, célibes, obedientes,
epítetos perfectos para los monjes
me sacudieron la conciencia.
Los tres votos que los frailes han jurado,
marca registrada de su profesión
a la vida religiosa,
son fielmente mantenidos por los monjes,
y religiosamente observados
durante toda su vida.
En paz y sin edad,
los monjes están unidos
en un clan espiritual.

HORACIO R. RODRÍGUEZ

So many things have happened,
A lot more will happen still,
Since I left Dasma.
Having absorbed the austere
Lifestyle of Tibetan monks,
I felt mortified.
Poor, celibate, obedient,
Perfect epithets for monks,
They shook my conscience
The three vows friars have sworn,
Trademark of their profession
In religious life,
Are faithfully kept by monks
And religiously observed
Their entire lifespan.
At peace and ageless-looking,
Monks are bonded together
As spiritual clan.

MA. PAZ DÍEZ TEJERINA

Tu preocupación desbordante
y tu cuidado tierno y amoroso
hacia tus pacientes
son muy apreciados.
Como la dextrosa y el oxígeno
eso ayuda a salvar y sanar,
junto a las mejores medicinas
están tus sonrisas terapéuticas
y tus dosis de risa.
Exiliados aquí en la tierra, estamos
heridos por el flagelo del pecado,
esperando ser limpios
por la preciosa sangre de Cristo,
nuestro Señor y nuestro Redentor,
nuestro Salvador, nuestro Rey.
Y tú enviada como un ángel,
sin alas pero visible
al ojo mortal.

MA. PAZ DÍEZ TEJERINA

Your overwhelming concern
And your tender, loving care
Toward your patients
Are highly appreciated.
Like dextrose and oxygen
That help save and heal,
With the best of medicines
Are your therapeutic smiles
And dose of laughter.
Exiled here on Earth, we are
Wounded by the scourge of sin,
Waiting to be cleansed
By the precious blood of Christ,
Our Lord and our Redeemer,
Our Savior, our King.
You are sent as angel,
Without wings but visible
To the mortal eye.

PEDRO RUBIO BARDÓN

Hay momentos en que no sabes
qué es lo que quieres en la vida.
Cansado de perseguir
la dirección del viento,
te deslizas en recovecos
ajenos para tu mundo,
donde encuentras un extraño,
imagen igual de ti mismo.
Confundido como estás,
y cansado de deambular,
decides que quieres hacer
algo con tu vida.
Es todo o nada,
pero no es adonde sopla el viento.
Debes vivir la vida:
puedes vivirla por completo
si sabes lo que realmente
quieres hacer en la vida.

PEDRO RUBIO BARDÓN

There are times when you don't know
What it is you want in life.
Tired of pursuing
The direction of the wind,
You traipse into crevices
Alien to your world,
And there you meet a stranger,
Spitting image of yourself,
Confused as you are.
Tired of meandering around,
You decide you want to do
Something with your life.
It's everything or nothing,
But it's not where the wind blows.
You must live the life:
You can live it fully well
If you know what you really
Want to do in life.

ELBA GONZÁLEZ CASTRO

Cuando cumpliste dieciocho
dejaste Francia, tu tierra de nacimiento.
Era primavera, y te
encontraste en León donde
ahora vives.
Aquí en León
puedes rastrear tus raíces.
C'est la vie! Bueno, así es la vida.
Un viaje que comenzó alguna vez,
pero de algún modo debe terminar,
en algún lugar, aunque nunca sabemos
cómo resultará nuestro último viaje, el final.
Solo podemos especular
sobre la cantidad de estrellas
que hay en el firmamento,
pero nunca podremos
obtener la respuesta exacta.
Oui, c'est la vie. ¡Así es la vida!

Elba González Castro

When you turned eighteen
You left France, land of your birth.
It was springtime, you
Found yourself in León where
You now live. Here in León
You can trace your roots.
C'est la vie! Well, such is life,
A journey that starts somewhen
But somehow must end
Somewhere, but we never know
How our last, final journey
Will turn out to be.
We can only speculate
As to the number of stars
In the firmament,
But we will never be able
To get the exact answer.
Oui, c'est la vie. Such is life!

Aida Nury Collazos Fiscal

Martes, el día en que nos conocimos,
fue como escuchar un aria
de una ópera.
Fluida y articulada,
sonabas como lo hacen los lugareños
de Valladolid.
Cuando me dijiste que, de hecho,
habías nacido en Colombia
no me sorprendió.
Hablamos de los loros
y de los llamativos papagayos
que saben hablar español,
como si hubieran recibido lecciones
de gente de Burgos
o Valladolid.
Tienes que trabajar en otro lugar,
pero siempre eres bienvenida
a volver a trabajar para nosotros.

AIDA NURY COLLAZOS FISCAL

Tuesday, the day we first met,
Was like hearing an aria
Of an opera.
Fluent and articulate,
You sounded like the locals
Of Valladolid.
When you told me that, in fact,
You were born in Colombia,
I was not surprised.
We talked about the parrots
And flashy *papagayos*
That can speak Spanish,
Like they received speech training
From the people of Burgos
Or Valladolid.
You have to work somewhere else,
But you are always welcome
To come work for us.

CARLOS CARILLA

La primavera cabalga en el tren del amor
y pisa en la alfombra de la esperanza,
Shavuot de nuestra fe.
Los árboles perennes de León
se estiran hacia un cielo sin fronteras
para celebrar la primavera.
El aire de la primavera, como un bálsamo,
reactiva los pólenes
durmientes del invierno.
El clima benevolente
anima a los preciados tulipanes
a florecer en esplendor.
Ahora, limpias de nieve, las playas
comienzan a atraer visitantes,
en ensayo del verano,
en gratitud holística.
Canta alabanzas al Dios viviente
por las alegrías de la primavera.

CARLOS CARILLA

Spring rides on the train of love
And strides on carpet of hope,
Shavuot of our faith.
The evergreens of León
Stretch toward the boundless sky
To celebrate spring.
The balmy air of springtime
Reactivates the pollens
Dormant in winter.
The benevolent weather
Triggers the treasured tulips
To bloom in splendor.
Now cleared of snow, the beaches
Start attracting visitors,
Dry run for summer.
In holistic gratitude,
Sing praise to the living God
For the joys of spring.

FERNANDO ZÓBEL DE AYALA MONTOJO

El arte es calvario humano;
mesías para sí mismo, el arte
debe auto-redimir
al algoritmo del arte.
Hace juegos ópticos al corazón mortal,
y purga el alma
de inanidades, un proceso
para librarnos del peso, una compuerta
a miles de artes.
En la más oscura de las noches,
la inspiración no cesa.
Como un enjambre de luciérnagas,
resplandece en el camino del artista
hasta que la semilla del arte
florece en el amor.
Y, como Dios su Creador,
el artista contempla sus obras,
complacido con lo que ve.

FERNANDO ZÓBEL DE AYALA MONTOJO

Art is human calvary;
Messiah to itself, art
Must self-redeem.
The algorithm of art
Plays optic to mortal heart,
And purges the soul
Of inanities, process
Of unburdening, floodgate
To myriads of arts.
On the darkest of all nights,
Inspiration does not cease.
Like swarm of fireflies,
It blazes the artist's path
Until the seedling of art
Blossoms into love,
And, like God his Creator,
The artist beholds his works,
Pleased with what he sees.

NOELIA CAMINO GONZÁLEZ

Los recuerdos de los días de la infancia
regresan cuando nos damos cuenta
de que ya no somos jóvenes.
Al amanecer nos despiertan
con sueños tridimensionales
en tecnicolor.
Durante el desayuno ellos alegremente
nos miran sorber manzanilla,
por consejo del médico.
Los miramos a los ojos
y vemos un chico soprano con voz de tiple
suplicando atención.
En el almuerzo y la cena están allí,
diciéndonos que hubo una vez, hace mucho tiempo,
en que no éramos viejos.
Ellos siempre estarán con nosotros
para recordarnos por siempre
que una vez fuimos jóvenes.

NOELIA CAMINO GONZÁLEZ

Memories of childhood days
Come back when we realize
We're no longer young.
At dawn. they awaken us
With tridimensional dreams
In technicolor.
At breakfast, they gleefully
Watch us sip chamomile,
Per doctor's advice.
We stare at them in the eye
And see a boy soprano
Begging attention.
Lunch and dinner they are there,
Telling us that long ago
We were never old.
They will always be with us
To remind us forever
That once we were young.

ENA GORGOJO GARCÍA

Cristo, el unigénito
Hijo de Dios, se ofreció
para ser crucificado
y morir por nosotros, pecadores,
para que seamos lavados
de nuestras iniquidades.
Cristo, Dios de todas nuestras gracias,
nos hizo hijos adoptivos de Dios,
al morir por nosotros.
Cristo, la pieza central de nuestra vida,
el Alfa y la Omega
de nuestra existencia,
unido con el Padre,
y con el Espíritu Santo,
en su amor por nosotros,
es nuestro Señor y nuestro Dios
que vino a vivir entre nosotros
y ser parte de él.

ENA GORGOJO GARCÍA

Christ, the only-begotten
Son of God, offered himself
To be crucified
And to die for us, sinners
That we are, to wash away
Our iniquities.
Christ, God of all our graces,
Made us God's adopted children,
By dying for us.
Christ, the centerpiece of our life,
The Alpha and Omega
Of our existence,
United with the Father
And with the Holy Spirit,
In his love for us,
Is our Lord and our God,
Who came to live among us,
And be part of him.

MARCOS PELÁEZ GONZÁLEZ

La fuerza de Dios es asombrosa,
el pilar indestructible
en tiempos de debilidad.
Dios es fiel en todo momento,
listo para librarnos
cuando lo llamamos.
Más rápido que un rayo,
y tan rápido como nuestra oración,
él nunca nos falla.
Él es el Dios de la misericordia,
Él es un Dios que perdona,
Él es nuestro Padre.
El amor de Dios no se puede medir,
su paciencia es para siempre,
más allá de nuestra sabiduría.
Incluso si lo negamos,
Dios nunca nos abandona,
somos sus hijos.

MARCOS PELÁEZ GONZÁLEZ

The strength of God is awesome,
Indestructible, pillar
In times of weakness.
God is faithful at all times,
Ready to deliver us
When we call on him.
Swifter than a lightning strike,
And as fast as our prayer,
He never fails us.
He is the God of mercy,
He is a forgiving God,
He is our Father.
God's love cannot be measured,
His patience is forever,
Beyond our wisdom.
Even if we deny him,
God never abandons us,
We are his children.

MARÍA DE LA CRUZ LÓPEZ

La misericordia de Dios dura para siempre,
es constante de edad en edad,
incondicional,
como rocío cayendo del cielo
que impide a la tierra seca y árida
ahogar la hierba.
Como impresionantes
estalactitas y estalagmitas
en una cueva vacía.
Como la catedral de León,
dando gloria al Señor,
en esplendor gótico.
Como el mejor chocolate del mundo
producido por los maragatos
en Astorga.
La misericordia de Dios es hermosa:
la justicia del Padre,
y su amor divino.

María de la Cruz López

God's mercy lasts forever,
Is constant from age to age,
Unconditional,
Like dews falling from the sky,
Preventing the parched, dry earth
From choking the grass;
Like the incredibly stunning
Stalactites and stalagmites
In an empty cave;
Like the León Cathedral,
Giving glory to the Lord,
In Gothic splendor;
Like the world's best chocolate
Produced by Maragatos
In Astorga.
God's mercy is beautiful:
The justice of the Father,
And his divine love.

Ramona Fernández Barrero

La acrópolis de los sueños
que hace tiempo destruimos en nuestra mente
nos toma por sorpresa
a bordo de un lujoso barco
que satisface nuestros antojos
por lo que pudo haber sido.

Nos refugiamos como esfinges
de los buscadores de curiosidades
que quieren entrometerse
en cada rincón escondido de unos
espacios que queremos mantener
totalmente privados.

Qué extraño que cuando por fin decidimos
hablar públicamente de nuestros agravios,
a nadie le interesa escuchar
o empatizar al menos
con lo que defendemos.

Ramona Fernández Barrero

The acropolis of dreams
We long shredded in our mind
Takes us by surprise
Aboard a luxurious ship
To satisfy our cravings
For what might have been.

We take refuge like sphinxes
From curiosity-seekers
Who intrude into
Every hidden corner of
Spaces we want to keep
Totally private.

How strange that when we decide
To openly go public
With our grievances,
Nobody cares to listen,
Or to empathize at least
With what we stand for.

ERNESTO GÓMEZ RAMOS

En esos años cuando Tinin-awan
era nuestra principal fuente de café,
solía beber leche
antes de acostarme, cubierto con
una manta de Palencia
que la abuela proveía
para alejar a los elfos traviesos
que me pellizcaban en mi sueño
dejando marcas dolorosas.
Mampunay parecía remoto
pero entonces, con vuestro amor y cuidado,
siempre estuve ahi.
Fueron años increíbles
con nuestro clan profundamente unido,
todo bien significado.
Ahora la mayoría os habeís ido;
ya no hay manta de Palencia.
La abuela no está aquí.

ERNESTO GÓMEZ RAMOS

Those years when Tinin-awan
Was our main source of coffee,
I used to drink milk,
Before going to bed, tucked
In *manta de Palencia*
Grandma provided
To ward off mischievous elves
Who would pinch me in my sleep,
Leaving painful marks.
Mampunay did look remote,
But then, with your love and care,
I was always there.
Those were incredible years,
Our clan deeply united,
All accounted for.
Now most of you are gone; no
More *manta de Palencia*.
Grandma is not here.

ROMEO GALVÁN

Cuando la ira de sus rivales
se encendió contra ellos,
la floja tribu de Benjamín,
como ornitorrincos cegados,
entró en diáspora
y asumió nombres falsos.
Bar mitzvah fue suspendida,
las menorás no estaban iluminadas,
el pogrom se inflamó.
Muchos olvidaron la promesa
hecha a Abrahán
y a su descendencia
y así cohabitaron
con los restos de Sodoma
y de Gomorra.
Por el bien de la supervivencia,
muchos lograron renunciar
a su identidad.

ROMEO GALVÁN

When the wrath of their rivals
Was kindled against them,
The loose tribe of Benjamin,
Like blinded platypuses,
Went into diaspora
And assumed fake names.
Bar mitzvah was suspended,
Menorahs were unlighted,
The pogrom flared up.
Many forgot the promise
That was made to Abraham
And his descendants,
And so they cohabited
With the remnants of Sodom
And of Gomorrah.
For the sake of survival,
Many managed to renounce
Their identity.

María Chapa Prado

Los albas y collares romanos,
gris, gris oscuro y negro para el invierno,
que compraste en Bilbao
para que yo funcionara como sacerdote
los he dejado en Neguri,
junto con los zapatos,
camisas y corbatas de calidad,
fondo de armario de Nueva York,
regalo de mis hermanos.
Sin precio cuando se toman
como la medida del amor
del uno por el otro.
Le entregé todas las estolas,
en colores litúrgicos, al sacristán.
Encontrarán artículos costosos
dejados dentro de ese armario,
pero no esqueletos.

María Chapa Prado

The albs and Roman collars,
Grey, dark grey, black for winter,
You bought in Bilbao,
For me to function as priest,
I have left in Neguri,
Together with top
Signature shoes, shirts, and ties,
Line of wardrobe from New York,
Gifts of my siblings,
Priceless when they are taken
As the measure of our love
For one another.
I turned over all the stoles,
In liturgical colors,
To the sacristan.
They will find pricey items
Left behind inside that closet,
But not skeletons.

ROCÍO PEREZ VALCARCEL

La una de la mañana,
Fray Isaías me condujo directamente
al hospital.
Estaba entonces bajo el ataque
de una bacteria, que trabajaba
contra mi sistema.
Era invierno; los carámbanos
solo fortalecieron nuestra resolución
por llegar a tiempo.
León deslumbraba con racimos
de luces, magníficamente situadas,
guías para automovilistas.
Nos sentimos seguros, con la seguridad
de que las luces nunca fallarían
en llevarnos a donde
estábais, allí, esperándonos,
eficientes y decididos
para luchar contra las enfermedades.

Rocío Perez Valcarcel

One o'clock in the morning,
Fray Isaías drove me straight
To the hospital.
I was then under attack,
By a bacteria that worked
Against my system.
It was winter; icicles
Only strengthened our resolve
To arrive on time.
León dazzled with clusters
Of lights, superbly stationed,
Guides for motorists,
We felt secure, rest assured
That the lights would never fail
To bring us to where
You were there, waiting for us,
Efficient and determined
To fight diseases.

Catedral de León

Tras una larga noche nevada,
y el sol, gracia adornada,
está en el cielo,
la catedral de León,
en todo su esplendor gótico,
glorifica el arte de Dios.
Impresionantemente magnificado,
obra maestra de precisión
en sus vidrieras de colores.
Su coro tallado en madera noble,
como la fe de sus constructores,
sobrevive el paso del tiempo.
Agujas divinamente elegantes
exaltan la fuerza creativa
del Dios viviente.
Refractado por las piedras talladas,
como una marca registrada de la catedral,
es el arte sólido de Dios.

CATHEDRAL OF LEÓN

After a long snowy night,
And the sun, bejeweled grace,
Is up in the sky,
The Cathedral of León,
In all its Gothic splendor,
Glorifies God's art,
Breathtakingly magnified,
Masterpiece of precision
In its stained glasses.
Its choir crafted from hardwood,
Like the faith of its builders,
Survives time's passage.
Spire divinely elegant
Exalts the creative strength
Of the living God.
Deflected by the hewn stones,
As the cathedral's trademark,
Is God's solid art.

EVA MA. GARCÍA BLANCA

Cada Misa que celebramos
afirma nuestra fe en el Señor,
nuestro Dios misericordioso.
Su amabilidad inspira al justo;
su amor santifica al sabio.
Somos sólo suyos.
En la Misa alabamos a Dios nuestro Señor,
porque Él es nuestro creador,
en Él encontramos la vida.
En la Misa bendecimos a Dios nuestro Señor,
Él es nuestro padre amoroso
que nos cuida.
En la Misa adoramos a nuestro Señor,
Dios de todas nuestras gracias,
que nunca nos falla.
En la Misa glorificamos a Dios,
el Señor del cielo y de la tierra

EVA MA. GARCÍA BLANCA

Every Mass we celebrate
Affirms our faith in the Lord,
Our merciful God.
His kindness inspires the just;
His love sanctifies the wise.
We are his alone.
At Mass, we praise God our Lord,
For he is our creator;
In him, we find life.
At Mass, we bless God our Lord,
He is our loving father
Who takes care of us.
At Mass, we worship our Lord,
The God of all our graces
Who never fails us.
At Mass we glorify God,
The Lord of heaven and earth

y nuestro protector.
Cada Misa que celebramos
es una acción de gracias
a nuestro Dios viviente.

And our protector.
Every Mass we celebrate
Is our act of thanksgiving
To the living God.

LETICIA GALLEGO BARRA

Tan extremadamente lento, la rueda
de la justicia de Dios muele bien,
tan extremadamente fino, al frustrar
el plan de los malvados
de hacer más daño a los demás,
incluso a sí mismos.
Tantas veces nos roban
lo que es legítimamente nuestro.
Muchas más veces, ellos
nos privan de nuestro sagrado
honor, dejándo tras de nosotros
vestigios de pérdida.
Al perder ganamos mucho más
de lo que hemos negociado.
En la confrontación final,
la oruga perezosa
extiende sus brillantes alas de mariposa,
y vuela hacia la libertad.

LETICIA GALLEGO BARRA

So exceedingly slow, God's
Wheel of justice grinds fine, so
Exceedingly fine,
To thwart the evildoers
From doing more harm to others,
Even to themselves.
So many times they rob us
Of what is rightfully ours,
Many more times, they
Deprive us of our sacred
Honor, leaving behind us
Vestiges of loss.
By losing, we gain much more
Than what we have bargained for
The final showdown.
The slowpoke caterpillar
Spreads its bright butterfly wings,
And flies to freedom.

MA. PAZ CABEZAS ÁLVAREZ

Quiero volver a decirte
lo que te he dicho antes:
sólo el amor realmente
importa en esta vida, porque amor
es el principio, y amor es el final
de nuestra existencia.
Somos juzgados por cómo amamos;
cómo amamos a nuestros semejantes
es como amamos a Dios.
Oímos voces desde lejos
cuando estamos enamorados; el más suave
susurro puede alcanzarnos
de alguien especial que amamos.
Somos amados, porque amamos.
Somos lo que amamos.
Hay alegría en compartir
nuestro amor con alguien que amamos.
La felicidad es el amor.

MA. PAZ CABEZAS ÁLVAREZ

I want to tell you again
What I have told you before:
Only love really
Matters in this life, for love
Is the beginning, the end
Of our existence.
We are judged by how we love;
How we love our fellowmen
Is how we love God.
Voices from afar we hear
When we are in love; softest
Whisper can reach us
From special someone we love.
We are loved because we love.
We are what we love.
There is joy in sharing
Our love with someone we love.
Happiness is love.

Elsa Gil Robles

Los Picos de Europa
puerta de entrada al continente,
son un portal terrenal
a la Ciudad celestial
del Dios de nuestras gracias,
nuestro creador.
Encriptada en el pedregoso
archivo de los siglos
es una oración por la vida:
los Picos de Europa
oran por la estabilidad
de León y de España,
los Picos de Europa
oran por la paz y la armonía
en el continente;
los Picos de Europa
rezan a Dios por la supervivencia
de la humanidad.

ELSA GIL ROBLES

Los Picos de Europa,
Gateway to the continent,
Are earthly portal
To the heavenly City,
Of the God of our graces
And our creator.
Encrypted in the stony
Archive of the centuries
Is prayer for life:
Los Picos de Europa
Pray for the stability
Of León and Spain;
Los Picos de Europa
Pray for peace and harmony
In the continent;
Los Picos de Europa
Pray God for the survival
Of humanity.

REBECA LOZANO TRIGAL

Verdaderamente benditos son los que dan
sin llevar cuentas del tiempo ni del costo.
Ellos comparten felices
con el bienestar de sus vecinos.
Son verdaderamente bendecidos porque
lo hacen por amor.
Circunstancias imprevistas
causan inconvenientes,
remordimiento y arrepentimiento
cuando te das cuenta
de que tu bondad es abusada
y tu tiempo perdido
al llenar hasta el borde
la cesta de la ingratitud,
vacía de agua.
Verdaderamente benditos son los que dan
sin contar el tiempo ni el costo.
La amabilidad no tiene precio.

REBECA LOZANO TRIGAL

Truly blessed are those who give
Without counting time or cost.
They happily share
With their neighbor's well-being.
They are truly blessed, for they
Do it out of love.
Unforeseen circumstances
Result in inconvenience,
Remorse and regret
When you come to realize
That your kindness is abused
And your time wasted
In filling up to the brim
Basket of ingratitude,
Empty of water.
Truly blessed are those who give
Without counting time or cost.
Kindness is priceless.

JESÚS VÁZQUEZ

En Bilbao, el estadio deportivo
es conocido por los entusiastas del deporte
como «la catedral».
Ellos van allí no para adorar,
sino para ver con sus mamás futboleras
su partido de campeonato.
Sentados junto a su padre,
los chicos vestidos con el uniforme
de su equipo favorito
animan a sus jugadores-modelo,
mientras fantasean
ellos mismos con ser ellos.
Tú mismo entrenas a tu propio hijo,
incluso tienes un sitio web
diseñado para su uso.
Cada vez que vienes
a limpiar mi ordenador,
visitamos la página.

JESÚS VÁZQUEZ

In Bilbao, the sports stadium
Is known as "the cathedral"
For sports enthusiasts.
They go there not for worship,
But to watch with soccer moms
Their championship match.
Seated beside their father,
Boys dressed in the uniform
Of their favored team
Cheer for their model players,
While fantasizing
Themselves to be them.
You yourself coach your own son,
And even have a Web site
Designed for his use.
Every time you come around
To clean up my computer,
We visit the page.

MARÍA DEL PILAR MUERZA ABARCA

Dar un paseo nocturno
en la playa con Agata
hace que el verano sea fresco.
La arena limpia, rojiza y brillante
de las cinco playas de Neguri
nos hace ir descalzos.
En lo alto del acantilado, sobre la colina,
hay una hilera de palacios
construidos para los fines más nobles.
Poco más abajo en la pendiente
de la misma cordillera
se encuentra la iglesia de El Carmen,
con forma de barco invertido,
como un faro de luz para los marineros.
Los gitanos rumanos
y los inmigrantes de marruecos
obtienen euros de los feligreses,
muestras de su fe.

MARÍA DEL PILAR MUERZA ABARCA

Taking an evening walk
On the beach with Agata
Makes a cool summer.
The clean, sparklingly white sand
Of Neguri's five beaches
Makes us go barefoot.
High up the top of the cliff
Is a row of palaces
Built for noblest ends.
Little farther down the slope
On the same cordillera
Stands El Carmen church,
Shaped like an inverted ship,
Beacon light for the sailors.
Rumanian gypsies
And migrants from Morocco
Get euros from churchgoers,
Tokens of their faith.

Francisco Legarra, OAR

La deliciosa cecina
y chorizo de León,
bajadas con vino de Rioja,
hacían que cada fiesta de cumpleaños
de los frailes en East Harlem
valiese la pena celebrarla.
Ángel y Pepe estaban allí,
también Basilio y Abel,
también estábamos tú y yo
y nuestros hermanos recoletos
destinados en Union City
y algunos del Bronx.
La fiesta terminó a las cinco:
la hermandad era real,
una comunión de amigos.
Yo recuerdo todo eso;
cada momento que pasamos
me habló de hermandad.

FRANCISCO LEGARRA, OAR

The delicious *cecina*
And *chorizo* from León,
Downed with Rioja wine,
Made every birthday party
Of friars in East Harlem
Worth celebrating.
Ángel and Pepe were there,
Also Basilio and Abel,
So were you and me
And our Recollect brothers
Detailed in Union City
And some from the Bronx.
The party ended at five:
The brotherhood was real,
Communion of friends.
I remember all of that;
Every moment that we spent
Spoke of brotherhood.

ROBERTO CHAPARRO GONZÁLEZ

El paraguayo, dulce y delicioso,
no tiene nada que ver con Paraguay,
pero lleva el nombre de tu tierra fértil y abundante
conocida por su gente amigable
y su cielo acogedor.
Cuando nos conocimos
éramos inseparables
en tu coche amarillo.
Siempre pasabas a por mí
para que pusiese tomar un poco de aire fresco
y oler las rosas.
Como un hermano suplente
estabas muy preocupado
con mi bienestar.
Finalmente estás de vuelta
en tu Paraguay natal.
Buena suerte con ello.

ROBERTO CHAPARRO GONZÁLEZ

Sweet, luscious *paraguayo*
Has nothing to do with Paraguay
But is named after
Your fertile, bountiful land,
Known for its friendly people
And welcoming sky.
When we first got acquainted
We were inseparable
In your yellow car.
You always dropped by for me
So I could take some fresh air,
And smell the roses.
Like a surrogate brother,
You were very much concerned
With my well-being.
Now you are finally back
In your native Paraguay,
Best of luck to you.

ALEXANDER BALDONADO

En el Hospital Hackensack
a donde la ambulancia que llamaste
me llevó para ser admitido,
requirieron mi firma
para lo que parecía ir a ser una inminente
operación de corazón.
No me permitieron dormir.
Todo el tiempo monitorearon
mi alta presión arterial,
que intentaban sin éxito
reducir a un nivel normal.

No se realizó ninguna operación.
Hicieron todo lo posible para contener
mi hipertensión arterial.
Dijeron que mi corazón estaba bien,
que no había necesidad de operación,
y me mandaron a casa.

ALEXANDER BALDONADO

In Hackensack Hospital
Where the ambulance you called
Had me admitted,
My signature was required
For what could be imminent
Heart operation.
I was not allowed to sleep.
All the time, they monitored
My high blood pressure
They could not successfully
Reduce to normal level.

No operation took place.
They did their best to contain
My high blood pressure.
They said my heart was okay,
No need for operation;
And they sent me home.

LESTRINO BAQUIRAN

Cuando estaba en Manhattan
yo visitaba una vez al mes
tu clínica privada,
ubicada a dos manzanas
de donde John Lennon fue disparado
por un chiflado.
Era una corta distancia
hasta la pista de patinaje de Wollman
cerca de Central Park West.
Después de declararme en forma,
según los resultados de mi análisis de sangre,
luego me mostrabas
dos de tus últimos poemas,
alabando los paisajes
de las Filipinas.
Riquísima como la comida callejera
del legendario Central Park
es tu poesía.

LESTRINO BAQUIRAN

When I was in Manhattan,
I would visit once a month
Your private clinic,
Located two blocks away
From where John Lennon was shot
By a lunatic.
It was mere walking distance
To the Wollman Skating Rink
Near Central Park West.
After pronouncing me fit,
As per my blood work results,
You would then show me
Latest batch of your poems,
Celebrating the landscapes
Of the Philippines.
Scrumptious as the street food fare
Of iconic Central Park
Is your poetry.

ARTURO ARUIZA

esde el palacio de Malacañan
hasta las alturas de Makiki en Hawái,
el reloj deja de funcionar.
La lealtad está encadenada,
la fidelidad secuestrada,
el amor se convierte en una farsa.
Te conviertes en guardaespaldas
de un grupo de prisioneros
privados de todo derecho,
exiliados de su propio país.
También te hacen un exiliado,
tampoco sin derechos.
Nunca te lamentaste ni te quejaste,
tomaste tu trabajo en serio,
honorablemente.
Fuiste un oficial
y también un caballero,
hasta el final.

ARTURO ARUIZA

From Malacañan Palace
To Hawaii's Makiki Heights,
The clock stops running.
Loyalty is under chains,
Fidelity sequestered,
Love becomes a farce.
You become a bodyguard
Of a band of prisoners
Deprived of all rights,
Exiled from their own country,
They make you an exile, too,
With no rights, either.
You never whined nor complained,
You took your job seriously
And honorably.
You were both an officer
And a gentleman
To the very end.

MILLICENT VILLALÓN

Absoluto es el poder
de curación de Dios,
que cubre toda la tierra
de polo a polo.
Su amor es incomparable,
su fidelidad para siempre,
su justicia se mantiene firme.
Escritas en el corazón humano
están las leyes divinas de la compasión
y de la comprensión.
Él es un Dios que perdona,
y su misericordia nunca falla,
Él es nuestro padre.
De la salida del sol
y hasta el ocaso
Dios vigila con cuidado
sobre todas sus obras,
sobre toda la creación,
Ama lo que ve.

MILLICENT VILLALÓN

Absolute is God's healing
Power, covering the whole
Earth from pole to pole.
His love is beyond compare,
His faithfulness forever,
His justice holds firm.
Written in the human heart
Is God's law of compassion
And understanding.
He is a forgiving God,
And his mercy never fails,
He is our Father.
From the rising of the sun
Down to its fiery setting,
God watches with care,
Over all his handiwork,
Over the whole creation,
He loves what he sees.

JAVIER GIMÉNEZ MUERZA

Como la mayoría de las madres,
la mayoría de las mujeres
aparentemente saben más.
Tienen un instinto,
la matriz de la supervivencia,
además de la capacidad
para soportar el dolor
del parto, un dolor tan grande
pero que trae mucha mayor alegría
a cualquier madre.
La matanza de los no nacidos
no debería servir como excusa
para hacer parada con los derechos de las mujeres.
Todas las mujeres tienen el deber
de preservar y defender la vida
para la supervivencia
de la raza humana; las mujeres
que se glorían en la maternidad
son siempre las mejores.

JAVIER GIMÉNEZ MUERZA

ike most mothers, most women
Apparently know better.
They get instinct,
The matrix of survival;
Also, the capacity
To endure the pain
Of giving birth, such great pain
That brings so much greater joy
To any mother.
The slaughter of the unborn
Should not serve an excuse
To boast women's rights.
All women have the duty
To preserve and defend life
For the survival
Of the human race; women
Who glory in motherhood
Are always the best.

NOEL CALIMPONG

Dumaguete, antes remoto,
está tan cerca como León,
donde ahora estoy destacado.
Los latidos que parezco oir
vienen de un corazón nostálgico,
propenso a recordar
el viaje polvoriento que soportamos
hasta alcanzar el campamento Lookout, glorioso,
donde habían preparado
un suntuoso banquete, masivo,
apto para jóvenes escritores hambrientos,
sin perdonar las bebidas fuertes.
Un padre solícito, el Dr. Ed Tiempo estaba allí,
con los panelistas del taller,
salvo por Edith
que debía quedarse en Manila,
para un chequeo medico
y volvería pronto.

NOEL CALIMPONG

Dumaguete, once remote,
Is just as near as León
Where I'm now detailed.
The heartbeats I seem to hear
Come from a nostalgic heart,
Prone to reminisce
The dusty ride we endured
To reach glorious Camp Lookout
Where they had prepared
A sumptuous massive banquet
Fit for hungry young writers,
No hard drinks to spare
A solicitous father,
Dr. Ed Tiempo was there
With the workshop panelists,
Except for Edith
Who should be in Manila
For a medical checkup
And would soon return.

BOY ROA

Los milagros, al igual que los trucos,
no ocurren
cual mercancía de timadores.

La religión puede ser un puente
de canallas que usan el nombre de Dios
para ganar dinero.

Con hirvientes amenazas de fuego infernal
y de ácido sulfúrico para la otra vida,
vuelven el círculo cuadrado.

Cuando surge la contradicción,
que nunca pueden explicar,
ellos pontifican.

Sigue siendo un misterio
por qué usar el nombre de Dios
le alegra el día a un sinvergüenza.

BOY ROA

Miracles, just like hoaxes,
Do not happen as peddled
By racketeers.

Religion can be the bridge
Of scoundrels who use God's name
For financial gain.

With boiling threats of hellfire
And sulphuric hereafter,
They turn circle square.

When contradiction arises,
Which they can never explain,
They pontificate.

It remains a mystery
Why using the name of God
Makes a scoundrel's day.

KERIMA POLOTAN

Con churros y chocolate
condenamos la toma del poder
organizada por los usurpadores.
Eran los tiempos en que no podíamos
distinguir a nuestros amigos
de nuestros adversarios.
Esas terribles noches oscuras
de ocupación eran como jugar al escondite
con temibles Makapilis.
Cuando nuestros patriotas fueron forzados
a la Marcha de la Muerte,
mientras que algunos parias sociales
fueron puestos a cargo
de un anillo de espías,
colaboracionistas.
Realmente no hay nada nuevo aquí.
Es la misma historia bruja,
de nuevo en su antiguo oficio.

KERIMA POLOTAN

With churros and chocolate
We condemned the seizure of power
Organized by usurpers.
Those were the times when we could
Not distinguish our friends from
Our adversaries.
'Twas like playing hide and seek
With feared Makapilis
In those terrible dark nights
Of occupation
When our patriots were forced
On the Death March
While some social outcasts put
In charge of the spy ring
Collaborated.
There really is nothing new here—
It is harridan history,
Back to her old trade.

EDITH TIEMPO

La noche en que terminó el taller,
patrullamos hasta tu residencia
a por la cena buffet.
Habiendo llegado el último,
me sentí muy afortunado de tener
toda tu atención.
No, no estábamos en el Rao's
donde los pomposos invitados hablan suavemente
en susurros codificados.
Fue una tarde agradable.
Las historias de fantasmas que intercambiamos
fueron entretenidas.
De vez en cuando las ranas croando
nos trajeron de vuelta a la tierra.
Era hora de ser realistas.

Edith Tiempo

The night the workshop ended,
We trooped for buffet dinner
To your residence.
Being the last to arrive,
I felt so lucky to get
All your attention.
No, we were not at the Rao's
Where pompous guests softly speak
In coded whispers.
It was a pleasant evening.
The ghost stories we exchanged
Were entertaining.
Once in a while, croaking frogs
Brought us back to the ground.
Time to get real.

REQUIT LAGDAMEO

La visita diaria de Militza
al Santísimo Sacramento
es edificante.
Despertado de un sueño profundo,
en una fría noche de invierno,
venís a mi mente:
patrocinadores y benefactores
de nuestra hermosa capilla,
hacedores, creyentes.
Todos los años decía Misa
por tu difunto padre,
los dos estábais allí.
Cada vez que tu clan se reunía,
tu madre estaba siempre allí
sentada a tu lado.
Cuando gente devota de Dios
lleva una vida irreprochable,
los sacerdotes se sienten santificados.

REQUIT LAGDAMEO

Militza's daily visit
To the Blessed Sacrament
Is edifying.
Awakened from a deep sleep,
On the cold night of winter,
You both come to mind:
Sponsors and benefactors
Of our beautiful chapel,
Doers, believers.
Every year I said Mass
For your departed Father,
Both of you were there.
Every time your clan gathered
Your mother was always there,
Seated beside you.
When devout people of God
Lead irreproachable life,
Priests feel sanctified.

RAUL CANTADA

Amigo mío, ¿quien habría pensado
que esos días terminarían alguna vez?
Me tuviste bajo tu protección.
Vosotros, pueblo de Dios, nunca
me privasteis de lo que fuera
que la capilla necesitase.
Ministramos a los pobres
y fuimos adonde los fariseos
nunca se atrevieron a pisar.
Dabas sin que te lo pidiesen
y caminaste conmigo mucho más allá
de lo que se necesitaba.
Ahora las aves del paraiso
y las orquídeas están en flor.
Y no estoy allí...
No soy propenso a los correos electrónicos.
Este poema que escribo
me ayuda a recordarte.

RAUL CANTADA

My friend, who would ever think
That those days would ever end?
You had me covered.
You people of God never
Deprived me of whatever
The chapel needed.
We ministered to the poor
And went where the Pharisees
Never dared to tread.
You gave without being asked
And walked with me miles longer
Than what was needed.
Now the birds of paradise
And the orchids are in bloom.
And I am not there...
I am not prone to emails.
This poem I write helps me
Remember you by.

Miya Lagdameo

La nostalgia comienza a extenderse
como el coronavirus,
a medida que la bolsa se hunde,
y los burócratas de DC
se ven obligados a la cuarentena,
abrumados por el miedo.
Solo podemos empatizar,
citando como excusas
estas inmensas distancias,
o puentes en llamas,
casi imposibles de cruzar
en estos momentos improbables.
La humanidad siempre tiene un remedio
para sobrevivir a la crisis,
uno después de otro.
Con la ayuda de lo Invisible,
Dios de todas nuestras gracias,
esto también pasará pronto.

MIYA LAGDAMEO

Nostalgia begins to spread
Like the coronavirus,
As the stock plunges,
And the DC bureaucrats
Are forced to self-quarantine,
Overwhelmed by fear.
We can only empathize,
Citing immense distances
Or burning bridges,
Near impossible to cross
These improbable moments,
As our excuses.
Mankind always has a way
Of surviving one crisis
After another.
With the help of the Unseen,
The God of all our graces,
This, too, will soon pass.

RECOVECOS

Estoy perdido otra vez, Dios mío,
sé que estoy perdido otra vez
a través de los recovecos de la vida,
probado y encontrado positivo
de infidelidad y pecados,
pido piedad.
Culpable de la acusación, ahógame
con perdón paterno
y comprensión.
Cancela todas mis deudas, Dios mío,
y cubre la humillante vergüenza
de este pródigo.
Júzgame si quieres: pecador
ayer, pecador hoy,
pecador mañana.
En mi corazón de corazones, Dios mío,
poseo todos mis defectos,
y exalto tu poder.

CREVICES

I am lost again, my God,
I know I am lost again
Through life's crevices.
Tested and found positive
Of unfaithfulness and sins,
I ask for mercy.
Guilty as charged, smother me
With paternal forgiveness
And understanding.
Write off all my debts, my God,
And cover the loathsome shame
Of this prodigal.
Judge me if you will: sinner
Yesterday, sinner today,
Sinner tomorrow.
In my heart of hearts, my God,
I own all my shortcomings,
I exalt your might.

PACO GOROSPE

Como pintor de las masas
de la galería de Ermita,
educado por las dificultades de la vida,
enmarcas retratos increíbles
de las peculiaridades de la vida
que cruzan las calles:
un huérfano o un pilluelo,
un vendedor de aceras endurecido.
Todo se convierte en
obra maestra menor.
La creación es rebelión,
en el campo del arte,
análisis desafiante,
más allá de la lógica,
vale la pena un segundo vistazo.
Lo agradable a la vista
es el árbitro final
de lo mejor del arte.

PACO GOROSPE

As painter of the masses
From Ermita's gallery
Schooled by life's hardships,
You frame amazing portraits
Of life's peculiarities
Crisscrossing the streets:
An orphan or an urchin,
A hardened sidewalk vendor—
You turned everything
Into a small masterpiece.
Creation is rebellion
In the field of art,
Defying analysis
Beyond the bar of logic,
Worth a second look.
What is pleasing to the eye
Is the final arbiter
Of what's best in art.

PETER T. EGUIA JR.

La pobreza televisada
que solía acechar Manila
era imeldífica,
un exceso ostentoso
para aquellos que arruinaron la ciudad,
impunemente.
Crearon un feudo
de propagandistas devotos,
en alquiler y bien pagados.
Cuando Isko se convirtió en alcalde
los hizo reubicar
para mejorar su suerte.
Han dejado de ser muebles
de los políticos señores de la droga,
ellos mismos están ahora en la carrera.
Inmortalizada en tu lienzo
quedó esa larga era desconcertante
de una suciedad feudal.

PETER T. EGUIA JR.

The televised poverty
That used to stalk Manila
Was imeldific,
An ostentatious excess
For those who ruined the city,
With impunity.
They created a fiefdom
Of devoted rallyists,
For hire and well paid.
When Isko became mayor
He had them relocated
To improve their lot.
They have ceased to be chattels
Of drug lord politicians,
Themselves on the run.
Immortalized in your canvas
Was that long baffling era
Of a feudal filth.

EDUARDO CHUA

Tu dominio del karate
y habilidad para el baile
te hizo príncipe azul
de muchas chicas de secundaria
y te consiguió invitaciones
a sus sesiones de improvisación musical.
Pero siendo un niño chino
y una astilla de su palo
tomado seriamente
por ser un negociante nato
y sin sentido del humor,
te dejaron solo.
Me convertí en tu único amigo.
Tus padres se pusieron felices
porque parecíamos mellizos.
Pero no te casaste con una china,
y rabiosos, tus padres chinos
te repudiaron de inmediato.

EDUARDO CHUA

Your karate mastery
And terpsichorean skill
Made you Prince Charming
Of many a high school girl
And got you invitations
To their jam sessions.
But being a Chinese kid
And a chip off the old block,
Taken seriously
For being a business wonk
And add to that a killjoy,
They left you alone.
I became your only friend,
Both your parents were happy
For we looked like twins.
You married a non-Chinese:
Enraged, your Chinese parents
Promptly disowned you.

PETER MANTARING

Lo que hemos estado proponiendo,
Dios, en el momento apropiado,
lo ha dispuesto enteramente.
El polvo de estrellas en el desierto,
el hambre y la sed extremas,
la privación,
la humillación completa,
el bloqueo entero y total,
viniendo del cielo.
Confundidos y sintiéndonos impotentes,
llamamos al Señor nuestro Dios
e invocamos su nombre.
Gracias a Dios hemos vencido
la plaga y la peste.
¡Regocíjate en el Señor!
Gloria a Dios por siempre,
su nombre sea siempre bendito.
¡Santificado sea su nombre!

PETER MANTARING

What we have been proposing,
God, at the appropriate time,
Has fully disposed.
The stardust in the desert,
The extreme hunger and thirst,
The deprivation,
The utter humiliation
The complete, total lockdown
Coming from the sky.
Confused and feeling helpless,
We called on the Lord our God
And invoked his name.
Thank God we have overcome
The plague and the pestilence.
Rejoice in the Lord!
Glory to God forever,
His name be forever blessed.
Holy be his name!

Agafia Lycova

Tus compañeros Viejos Creyentes
te escuchan lamentarte del final de los tiempos
de Sierra Abakan.
Parousia para la niñera,
que se queja para deshacerse de la leche
a medida que los ríos aumentan su volumen.
Maná de los dientes de león,
pegados y mezclados con cebada
comida básica de tu cocina.
Carpas que atrapas del río,
y balanceas la ecología,
al cocinar con combustible.
Rezas los salmos como haces
tus tareas ermitañas en Taiga,
proactiva como los cangrejos.
Golpeándote a menudo, las nubes
no son reacias a la lluvia o la nieve.
Estás acostumbrada a eso.

AGAFIA LYCOVA

Your fellow Old Believers
Hear you bemoan of end times
From Abakan Range.
Parousia for the nanny,
Bleating to be rid of milk
As the rivers swell.
Manna for dandelions,
Pasted and mixed with barley
Staple for your meal.
Carps you catch from the river
Still balance ecology
When cooked with fuel.
You pray the Psalms as you do
Your hermit tasks at Taiga,
Proactive as crabs.
Often swiping you, clouds do
Not push back on rain or snow,
You are used to that.

LUIS HERRERA JR.

La amistad que habíamos forjado
no se terminó con el banquete
para los Negritos.
Lo más destacado de *Dinagyang*
que engendraste como alcalde
de Iloilo.
Fue una celebración
para poner fin a todas las celebraciones.
Estuvimos muy felices.
Las tribus actuaron perfectamente
en sus coloridos trajes,
arena y gracia combinadas.
Toda la ciudad estaba despierta,
la gente inflamada de amor
por el Santo Niño.

LUIS HERRERA JR.

The friendship we had forged
Did not end with the banquet
For the Negritoes,
Highlight of the *Dinagyang*
You fathered as the Mayor
Of Iloilo.
It was a celebration
To end all celebrations.
We were so happy.
The tribes performed flawlessly
In their colorful costumes,
Grit and grace combined.
The whole city was awake,
The people inflamed with love
For Santo Niño.

JUSTA LEE

Lo más pequeño que podamos hacer
por el menor de nuestros hermanos
se multiplica por cien
si lo hacemos del todo por Dios,
con amor incondicional,
todo para su gloria.
Al ayudar a reconstruir su casa
para aumentar la fe de su pueblo,
viste su gloria,
descendiendo y ascendiendo,
trayendo de la tierra al cielo
perdón de los pecados.
Cristo crucificado en la cruz
nuestro Señor, nuestro Dios, nuestro Salvador,
murió por amor a nosotros.
Cristo ha bajado del cielo
para que una vez regrese allí,
podamos ir con él.

JUSTA LEE

The littlest thing we may do
For the least of our brethren
Zooms a hundredfold
When we do it all for God,
With love unconditional,
All for his glory.
By helping rebuild his house
To increase his people's faith,
You saw his glory,
Descending and ascending,
Bringing from earth to heaven
Forgiveness of sins.
Christ crucified on the cross,
Our Lord, our God, our Savior,
Died for love of us.
Christ has come down from heaven
So that once he goes back there,
We can go with him.

El Vagabundo Sirio Hambriento

Tu casa en Homs y el árbol
que tu padre y tú habíais plantado
fueron arrasados hasta el suelo.
Tus padres y tu hermana
reubicados a Arabia Saudita,
tu hermano, a Francia.
Tú fuiste a las Filipinas,
a instancias de algunos amigos,
para ir a la universidad.
Dios ha sido amable contigo
y tú mismo has sido amable
con las personas necesitadas.
Les das un trabajo estable,
como regalo para sus familias
y como acción de gracias.
Como Naamán el sirio de antaño,
curado por Dios de la lepra,
ya agradecido por toda su vida.

THE HUNGRY SYRIAN WANDERER

Your house in Homs and the tree
Your dad and you had planted
Were razed to the ground.
Your parents and your sister
Relocated to Saudi;
Your brother, to France.
You went to the Philippines,
At the behest of some friends,
To go to college.
God has been so kind to you,
And you yourself have been kind
To people in need.
You give them a stable job,
As gift to their families,
And in thanksgiving,
Like Syrian Naaman of old,
Cured by God of leprosy,
Grateful all his life.

EVANGELINE PASCUAL

El Bar mitzvah de otra persona
no nos molesta en absoluto.
Filipinas es tierra de verano eterno,
dos estaciones alternas,
la húmeda y la seca,
con las que representar a tu país
en el concurso a la más bella del mundo
de ese año.
Causaste una gran sensación,
eras la apuesta favorita
de los augures.
Hasta entonces, ninguna filipina había ganado
en esa competición de belleza.
Quedaste la primera finalista.
Pero un escándalo despojó a la ganadora
de su título y su corona.
Sin corona, simplemente seguiste adelante.

EVANGELINE PASCUAL

Someone else's bar mitzvah
Does not bother us at all.
The Philippines is
Land of eternal summer,
Two alternating seasons,
The wet and the dry,
Your country to represent
For the world's most beautiful
Title of that year.
You made a great sensation,
Picked as the favorite bet
By the oddsmakers.
Until then, no Filipina had ever won
In that beauty tilt before.
You were runner-up.
A scandal stripped the winner
Of her title and her crown.
Uncrowned, you just moved on.

ANICETA AYALA

Perdono a todos esos maestros
de nuestros embriagadores días de secundaria
quienes no pudieron aceptar
que yo entendía más que ellos
de historia y poesía.
Los perdono a todos.
La última vez que intentaste
una reconciliación,
al igual que tú lo habías sido antes,
yo era el sistema,
y tú, una maestra jubilada.
Yo hablé, tú escuchaste.
Y defendí groseramente
al sistema, sonando
como el único justo, nunca equivocado.
Ahora que he enterrado el hacha,
todo queda perdonado,
por el amor de Dios.

ANICETA AYALA

I forgive all those teachers
Of our heady high school days
Who could not accept
That I knew better than they
History and poetry.
I forgive them all.
The last time you attempted
For a reconciliation,
Just like you before,
I was the establishment;
And you, a retired teacher.
I spoke, you listened.
I was rudely defending
The establishment, sounding
Right, and never wrong.
Now I've buried the hatchet.
Everything is forgiven
For the love of God.

JOSÉ SOTO PRADO

En los recovecos de la tierra,
el tiempo parece girar mucho más rápido
de lo que podemos seguir.
De repente las normas han cambiado,
y aún siguen cambiando;
nos sentimos disminuidos.
Se declara el bloqueo total,
se impone la prohibición de viajar.
Debemos evitar las multitudes.
Los robots han sido desplegados
para hacer pruebas del Covid-19
en los humanos.
Nuestra habitación es un lugar más seguro,
al mantener nuestras distancias
con los compañeros mortales.
En soledad, incluso cuando sólos decimos
nuestra oración,
roguemos por los demás.

JOSÉ SOTO PRADO

On the crevices of earth,
Time seems to spin much faster
Than we can follow.
Overnight the norms have changed,
And they keep on changing still;
We feel diminished.
Total lockdown is declared,
The travel ban is enforced.
We must avoid crowds.
The robots have been deployed
To do the Covid-19
Testing on humans.
Our room is a safer place,
As we keep our distances
From fellow mortals.
In solitude, even as
We say our prayer alone,
Let's pray for others.

ANTIDIO VIÑAS

Europa ha sido unida,
hay presagios en el cielo
además de avistamientos extraños.
Los judíos han vuelto a su tierra natal,
y al fin Jerusalén
es su capital.
Las iglesias están sacudidas por escándalos,
el matrimonio entre personas del mismo sexo es legal,
como lo es el aborto.
El globalismo es Babel,
los cárteles obtienen grandes ganancias
con las fronteras abiertas.
Enjambres de langostas siembran la devastación,
y el Covid-19 resucita
fantasmas de Peste Negra.
Con impunidad, los cisnes
han tomado Venecia,
augurando el fin de los tiempos.

ANTIDIO VIÑAS

Europe has been united,
There are omens in the sky,
Besides strange sightings.
Jews are back in their homeland,
And at last Jerusalem
Is their capital.
Churches are rocked by scandals,
Same-sex marriage is legal,
As abortion is.
Globalism is Babel,
The cartels make huge profit
With open borders.
Swarms of locusts devastate;
Covid-19 resurrects
Phantoms of Black Death.
With impunity the swans
Have taken over Venice,
Auguring end times.

RAMÓN PEDROSA

Como la mayoría de las revoluciones,
el Covid-19 ahora devora
a los anfitriones de sus hijos,
como en la canción de cuna,
alrededor del arbusto de moras,
ellos van cayendo.
Esta pandemia que nos acecha
está cambiando el orden mundial
más rápido que la oración.
Es un desafío a la fe,
una paradoja para la sabiduría.
una prueba de supervivencia.
Mar-a-Lago está cerrado,
los muros fronterizos finalmente se elevan,
para detener el virus.
El valle de los esqueletos
presenta una telenovela
protagonizada por La Muerte.

RAMÓN PEDROSA

Like most revolutions,
Covid-19 now devours
Hosts of its children
As in nursery rhyme,
Around the mulberry bush,
They go falling down.
This pandemic stalking us
Is changing the world order
Faster than prayer.
It is a challenge to faith,
A paradox to wisdom,
Test for survival.
Mar-a-Lago is shut down,
Border walls finally rise,
To stop the virus.
The valley of skeletons
Presents a soap opera
Starring Danse Macabre.

Rodolfo Sicio Pingol

La gratitud es un peregrino
en los recovecos del corazón
buscando un santuario.
La gratitud es un turista
en los recovecos del corazón
buscando un lugar.
La gratitud es un leproso
en los recovecos del corazón
buscando una cura.
Cuando los peregrinos encuentran el santuario
que han estado buscando
se arrodillan para rezar.
Cuando los turistas encuentran el lugar correcto
que han estado buscando toda su vida,
hacen su reserva para regresar.
Cuando los leprosos se curan
de su terrible lepra,
uno da gracias a Dios.

RODOLFO SICIO PINGOL

Gratitude is a pilgrim
In the crevices of heart
Looking for a shrine.
Gratitude is a tourist,
In the crevices of heart
Looking for a spot.
Gratitude is a leper,
In the crevices of heart
Looking for a cure.
When pilgrims locate the shrine
That they have been looking for,
They kneel down to pray.
When tourists find the right spot
They've been searching all their life,
They book to come back.
When lepers get hold of cure
For their dreadful leprosy,
One gives thanks to God.

RODOLFO M. ARREZA

Como un ladrón en la noche
Covid-19 se cuela sigilosamente,
pesadilla pandémica.
Algunos peleles se vuelven virales
al desafiar la orden
para contener la plaga.
Para retar al Covid-19,
algunas chicas lamen
el asiento del inodoro,
y exhiben sus lenguas.
Los jovenes de Florida
acuden en grupo a playas desiertas,
como pingüinos borrachos.
Aún otros aprovechan
los precios bajos y reducidos
y se van de crucero.
Pero cuando dan positivo,
mientras están en cuarentena,
culpan al gobierno.

RODOLFO M. ARREZA

Much like a thief in the night,
Covid-19 stealthily sneaks in,
Pandemic nightmare.
Some nincompoops go viral
In defying the order
To contain the plague.
For Covid-19 challenge,
Some girls lick a toilet seat
And display their tongues.
The young ones of Florida
Flock to deserted beaches
Like drunken penguins.
Still, others take advantage
Of the low, reduced prices
And go on a cruise.
But when tested positive,
While being quarantined, they
Blame the government.

SOLEDAD TUMBOKON CONSING

No es extraño, pero en soledad,
la compasión es compañía,
una ausencia que habla.
Bolsas de azúcar para los pobres,
sacos de arroz para los necesitados:
hablan de tu nombre.
Sin llamarte, viniste
a Misa para llevarme más tarde
al especialista.
Trabajaba mucho y dormía poco;
te preocupaste por mi salud
con santa preocupación.
Tan rica, pero tan simple,
fuiste amable más allá de todo reproche,
alegría para los creyentes.
Una vez fuiste monja de clausura,
pero volviste al mundo
para hacerlo mejor.

SOLEDAD TUMBOKON CONSING

Not strange, but in solitude,
Compassion is companion,
The absence that speaks.
Bags of sugar for the poor,
Sacks of rice for the needy:
They speak of your name.
Without being called, you came
At Mass to drive me later
To the specialist.
I worked much and slept little;
You worried about my health,
With holy concern.
So wealthy, yet so simple,
You were kind beyond reproach,
Joy to believers.
You were once a cloistered nun,
But you went back to the world
To make it better.

Mita Pardo de Tavera

La historia es un tambor de muerte
que las naciones tocan cuando se hacen
la guerra unas a otras.

La historia es un tirano,
que alimenta la mente con ira,
y el corazón con odio.

La historia es supervivencia:
el vencedor atesora todo el botín
y dice la última palabra.

La historia es unilateral;
no da cuartel a aquellos
que caen por la espada.

La historia es obstinada.
Tiene la temeridad
de repetirse.

MITA PARDO DE TAVERA

History is drum of death
Nations beat when they wage war
Against each other.

History is a tyrant,
Fueling the mind with wrath,
And the heart with hate.

History is survival:
The victor hoards all the spoils
And says the last word.

History is one-sided;
It avails no quarter for those
Who fall by the sword.

History is hardheaded.
It has the temerity
To repeat itself.

ROSALINDA M. DE LEÓN

Estabas luchando por una causa
muy noble y loable,
pero imposible de ganar.
Era la institución misma
a quien querías someter a revisión,
y ellos se defendieron.
Eran intocables.
Aunque estabas embarazada de la verdad,
no pudiste detenerlos.
No les llevó demasiado tiempo
destinar los ideales preciados
a crepitar en la hoguera.
Aquellos que simpatizaban contigo
creyeron a las instituciones
de las cuales formaban parte.
En aras del bien común,
eligieron permanecer en silencio
y abortaron la verdad.

ROSALINDA M. DE LEÓN

You were fighting for a cause,
Most noble and laudable,
But unwinnable.
It was the institution
You wanted to overhaul,
And so they fought back.
They were the untouchables.
Even if pregnant with truth,
You could not stop them.
It did not take them too long
To set cherished ideals
Crackling in bonfire.
Those who sympathized with you
Believed in institutions
Of which they were part.
For the sake of common good,
They chose to remain silent
And aborted truth.

CARMEN ORTEGA

Tu rosario de plata de Lourdes,
tu cadena con colgante de plata
y tu broche de plata
realzan tu presencia tenue,
discreta y orante
en nuestra capilla.
Hablas casi en susurros,
y puedo oler los lirios
floreciendo libres en los campos.
Los madrigales proclaman la alegría
que la hermosa mañana trae.

Mientras respiras el amor de Dios,
el aire de serenidad
que viene del Santísimo Sacramento,
nos trae de vuelta a la tierra.

El rosario que tocas,
con gran fe y devoción,
parece convertirse en oro.

CARMEN ORTEGA

Silver rosary from Lourdes,
Pendant of silver necklace
And silver locket
Revive your subdued presence,
Unobtrusive, prayerful
Inside our chapel.
You talk almost in whispers,
And I can smell the lilies
Blooming freely in the fields.
Madrigals proclaim the joy
The beautiful morning brings,

As you breathe God's love,
The air of serenity
From the Blessed Sacrament,
Brings us back to earth.

The rosary you finger,
With great faith and devotion,
Seems to turn to gold.

CELSO AL. CARUNUNGAN

Las bendiciones de la madre tierra
recogen el fruto de tu profundo amor
por tu tierra natal.
La primera vez que tomaste un avión
para estudiar en los Estados Unidos,
Filipinas, tu tierra natal,
se convirtió en la máxima
prioridad; empezaste
a añorar los trópicos:
el encanto del verano eterno,
el hechizo de las selvas tropicales,
con sus dificultades y turbulencias.
Laguna, donde tú naciste
con sus fecundos lanzones,
acrecieron tu patriotismo,
porque aún hoy en sus recovecos
podemos volver sobre los pasos
de José Rizal.

Celso Al. Carunungan

The blessings of Mother Earth
Reaped the fruit of your deep love
For your native land.
The first time you took a plane
To study in the U.S.,
Your own native land,
The Philippines, became top
Priority; you started
Missing the tropics:
Charm of eternal summer,
Enchantment of rainforests,
Hardships and turmoils.
Laguna, where you were born,
Like its luscious *lanzones*,
Bred patriotism;
For still in its crevices,
You could retrace the footsteps
Of José Rizal.

NICK JOAQUIN

ntramuros y sus antiguas murallas,
investido de un pasado histórico
abundante en leyendas,
muy difíciles de separar
de la mera historia enterrada
en pergaminos.
Leyendas y/o historia
dejan su huella en tus obras
deslumbrantemente honestas.
Tienes una forma de escribir
ficción con tanta fascinación,
con un brillo que hechiza.
Tu amor por Intramuros,
el Intramuros de antaño,
es tradición artística.
Tus obras representan la gloria
del antiguo Intramuros,
hermoso, sin edad.

NICK JOAQUIN

Ancient walled Intramuros,
Vested with a storied past,
Abounds in legends,
Very hard to separate
From mere history buried
In *pergaminos*.
Legends and/or history
Leave their traces in your works
Dazzlingly honest.
You have a way of writing
Fiction with such enthralling,
Spell-binding brilliance.
Your love for Intramuros,
The Intramuros of yore,
Is artistic lore.
Your works depict the glory
Of olden Intramuros,
Beautiful, ageless.

ALFREDO MÁRQUEZ MÁRQUEZ

Me hacías escribir una columna
para tu tabloide de la tarde,
destinado a las masas.
Publicábamos sus peticiones
a San Judas y otros santos,
una línea abierta para oraciones.
Algunos escribían cartas inspiradoras
para compartir la alegría sentida
al ayudar a otros.
Anécdotas simples y domésticas,
de lectura fácil,
ocupaban nuestro espacio.
A veces dábamos consejos
y pedíamos a nuestros lectores
que ayudasen a sus vecinos necesitados.
«Silver Linings» fue seguido
por aquellos que encuentran que la vida
verdaderamente vale la pena vivirla
desde el riesgo de la fe.

ALFREDO MÁRQUEZ MÁRQUEZ

You made me write a column,
For your afternoon tabloid,
Meant for the masses.
We published their petitions
To Saint Jude and other saints;
Hotline for prayers.
Some wrote inspiring letters
To share the joy that they felt
In helping others.
Simple homespun anecdotes,
Written for easy reading,
Occupied our space.
Sometimes we gave advice
And asked our readers to help
Their neighbors in need.
"Silver Linings" was followed
By those who found life truly
Worth living the faith.

TITA ORDOÑEZ CARAM

Hace muchísimos años,
como la Hermana Mayor
del Santo Niño,
pagaste en parte las cuentas
para el festival anual
del Santo Niño.
Cuanto más larga fuese la procesión,
más próxima y cercana
estabas tú de Jesús.
Fueron años interesantes,
donde luchar por lo obvio
no siempre terminaba
en el descubrimiento de la verdad;
cuando a veces una verdad fea,
desnuda y brutalmente contada,
podía ser peor que mentir.
Tú siempre lograste mantener
tu dignidad sin mancha,
por la gracia de Dios.

TITA ORDOÑEZ CARAM

So many a year ago,
As the *Hermana Mayor*
Of Santo Niño,
You partly footed the bills
For the annual festival
Of the Holy Child.
The longer the procession,
The nearer and closer you
Were to Jesus.
Those were interesting years,
When to fight for the obvious
Would not always end
In discovery of truth;
When at times an ugly truth,
Naked and brutally told,
Could be worse than lie.
Always you managed to keep
Your dignity undefiled,
By the grace of God.

KIT TATAD

Aquellos que presumimos santos
ingresan al monasterio
para encontrar la salvación.
Pero incluso en los claustros,
la piedad no es suficiente
para salvar vidas rotas.
Sea cual sea tu estado
en los recovecos de tu vida,
Dios tiene planes para ti.
Siempre hay alguien esperando,
aferrándose a su último recurso,
que necesita de tu socorro.
En caso de que estés allí,
nunca vuelvas la espalda,
sé un respondedor.
Ese alguien es tu vecino,
llorando por su libertad,
llamando a Dios a través de ti.

KIT TATAD

Those presumed to be holy
Go to the monastery
To find salvation.
But even in the cloisters,
Piety is not enough
To save broken lives.
Whatever your state is
In the crevices of life,
God has plans for you.
There's always someone waiting,
Holding on to the last straw,
In need of your help.
Should you happen to be there,
Do not ever turn your back,
Be a responder.
That someone is your neighbor,
Crying for deliverance,
Calling God through you.

CARLOS BULOSAN

mérica lucha para frenar
a los solicitantes de asilo fletados
por las ONGs,
traídos de contrabando por narcotraficantes
desde sus escondites palaciegos
al sur de la frontera.
Ahora que el imperio está siendo probado
por el Covid-19
se ha convertido en una fortaleza.
Estados Unidos está dividido:
como cincuenta estados diferentes,
libertad de elegir, o no.
En mitad de la crisis mundial,
el estilo de vida que propone
está siendo desafiado.
A medida que se abruman las morgues,
el virus de la muerte
llena las calles vacías.

CARLOS BULOSAN

America fights to stop
Asylum seekers chartered
By the NGOs
And smuggled in by drug lords
From palatial hideaways
South of the border.
Now it's become a fortress,
The empire being tested
By Covid-19.
America's divided
Like fifty different states,
Like freedom to choose.
In the midst of world crisis,
The lifestyle that it models
Is being challenged.
As the morgues get overwhelmed,
The virus in danse macabre
Fills the empty streets.

C.M. VEGA

Subrayando lo obvio,
proclamaste el genio del Señor,
su justicia, su poder.
En tus poemas líricos,
celebraste la bondad de Dios,
cánticos de alabanza.
Como un cachorro de león recién
enfrentado al mundo exterior,
viviste para sobrevivir.
Como poeta y periodista,
la integridad era lo más importante
en tu vocación.
Cada triunfo y éxito,
lo atribuiste a Dios,
su amabilidad y amor.
Tras los momentos de derrota,
te acercaste agradecido a Dios,
para estrecharle la mano.

C.M. VEGA

Underscoring the obvious,
You proclaimed the Lord's genius,
His justice and might.
In your lyrical poems,
You celebrated God's goodness,
Canticles of praise.
Like a lion cub newly
Exposed to the outside world,
You lived to survive.
As a poet and newsman,
Integrity was foremost
In your profession.
Every triumph and success,
You attributed to God,
His kindness and love.
After moments of defeat,
You gratefully approached God
To shake hands with him.

STEVAN JAVELLANA

Divides la vida equitativamente
en día y noche
en tu novela de guerra.
El día es un juego de caballos patentado
por un grupo de chicos de río
que se bañan desnudos.
El día es un grupo de chicas recatadas,
aprovechando cada fiesta en el pueblo,
para ver y ser vistas.
Entonces viene la Ocupación,
es de noche. ¡Qué noche tan larga!
La vida se convierte en una pesadilla.
La gente se va a las colinas
a tomar las armas y resistir
con arena y agallas.
Mis padres sobrevivieron esos tiempos;
ellos mismos se encontraban en verdadero parentesco
con tus personajes.

STEVAN JAVELLANA

You evenly divide life
Into day and night,
In your war novel.
Day is patented horseplay
For a group of river boys
Who go skin-dipping.
Day is demure teenage girls,
Gracing every town fiesta,
To see and be seen.
Then the Occupation comes,
It is night. Such a long night!
Life turns to nightmare.
The people go to the hills
To take up arms and resist
With grit and with guts.
My parents survived those times;
They themselves found true kinship
With your characters.

JULES CRUZ

En estos días cuando esparcen
noticias falsas sin cesar
por los tontos que pensaban
que los EE.UU. es la policía
de este mundo vulnerable
contra los informes falsos
nunca traicionaste tu fe.
Te aferraste a tu creencia
fiel a tu vocación,
sin coquetear con la mentira,
escolta firme de la verdad,
colocando el honor en primer lugar,
ganándote el respeto de tus lectores,
con cada línea.
Basada en hechos, no en mentiras,
porque el tuyo es un informe límpio,
en el Cuarto Estado empañado,
secuestrado por timadores.

JULES CRUZ

In those days when they churned out
Fake news all day long—
By dimwits who thought
The U.S. is policeman
Of this world vulnerable
To their false reports—
You never betrayed your faith.
You held on to your belief,
True to your calling,
Never flirting with falsehood,
Steadfast escort to the truth,
Placing honor first,
Earning your readers' respect,
For your every single line
Based on facts, not lies,
For yours was limpid reporting,
In a tarnished fourth estate
Hijacked by hoaxers.

NORI ONGSIAKO

Hay un lugar en el cielo
para cualquiera que busque a Dios
y hace lo que Él quiere.
El cielo es para cualquiera
que ame a Dios en sus vecinos,
y lo vea en ellos.
No es retórica
de políticos sin cerebro,
sino un compromiso.
Dios es nuestro primer interlocutor
En cada clase de crisis;
Él sabe lo que necesitamos.
Cuando parece estar dormido,
Él está muy despierto.
Quiere que sepamos
que lo que pedimos
nos llevará a él.

NORI ONGSIAKO

There is a place in heaven
For anyone who seeks God
And does what he wills.
Heaven is for everyone
Who loves God in their neighbors
And sees him in them.
It is not a stock sound bite
Of brainless politicians,
But a commitment.
God is our first respondent
In every form of crisis;
He knows what we need.
When God seems to be asleep,
He is very much awake.
He wants us to know
That what we are asking for
Will bring us to him.

IMELDÍFICA

Imeldífica, tu vida ha sido imeldífica
desde Olot y sus mil tifones
hasta los altos de Makiki.
Eras pobre, te calzabas con zapatillas,
pero un caballero de brillante armadura
cambió tu destino.
Como en los cuentos de hadas,
de repente habitabas en un palacio
al otro lado del río.
El caballero se convirtió en gobernante,
y tu estilo de vida ostentoso
causó rechazo en los rebeldes.
En los recovecos de la vida,
sin saber como, fuiste engañada hacia un exilio.
Ya no eras bienvenida en tu propio país,
pero aunque te privaron de tu honor sagrado,
te mantuviste firme en la fe.

IMELDIFIC

Imeldific your life has been
From typhoon-ridden Olot
To Makiki Heights.
You were poor, wearing slippers,
But a knight in shining armor,
Changed your destiny.
Just like in the fairy tales,
You soon lived in a palace
Across the river.
The knight became a ruler,
As you flaunted a lifestyle,
Spammed by the rebels.
In the crevices of life
You were unknowingly tricked
Into an exile.
Unwelcome in your country,
Deprived of sacred honor,
You still kept the faith.

Estrella D. Alfon

El nacimiento de una obra de arte
es como el nacimiento de un niño,
anticipado.
La madre sufre el dolor,
el más duro que pueda soportar un humano,
pero vale la pena.
El grito del recién nacido
es un alivio para los padres.
Es una señal de vida,
una prueba de que un ser más
caminará en los recovecos
de este reino temporal.
Felizmente la madre comparte
su alegría por dar a luz
con los que la rodean.
Una vez terminada, la obra de arte
está destinada, como el niño recién nacido,
a vivir en libertad.

ESTRELLA D. ALFON

The birth of a work of art
Is like the birth of a child,
Anticipated.
The mother suffers the pain,
The most a human bears,
But it is worth it.
The cry of the newly born
Is relief to the parents.
It's a sign of life,
A proof that one more being
Will walk on the crevices
Of this earthly realm.
Happily the mother shares
Her joy over giving birth
With those around her.
Once finished, the work of art
Is bound, like the newborn child,
To live in freedom.

ÁLBUM DE FOTOS
(Para el P. Francisco Larrán Álvarez)

Mientras el Covid-19 enfurece,
paso a paso su danza macabra,
tu album de fotos,
de caras siempre sonrientes,
es un compendio de felicidad,
que me hace celebrar
la alegría de estar vivo,
sobreviviendo por el momento,
para apreciar cada segundo.
Con el mundo entero ahora encerrado,
el distanciamiento es la nueva norma
para combatir la pandemia.
Siempre debo cerrar la puerta
para que el coronavirus
no tenga ninguna entrada;
pero con tu álbum de fotos,
nunca me sentiré solo,
tampoco me sentiré tan solitario.

PHOTO ALBUM
(For Fr. Francisco Larrán Álvarez)

As Covid-19 rages,
Step by step with dance macabre,
Your photo album
Of ever-smiling faces,
Compendium of happiness,
Makes me celebrate
The joy of being alive,
Surviving for the moment,
To cherish each second.
With the world now in lockdown,
Distancing is the new norm
To fight pandemic.
I must always close the door
So the coronavirus
Will gain no entry;
But with your photo album,
I will never feel lonely,
Nor feel so alone.